CATALOGUE

DES

MANUSCRITS

DE LA BIBLIOTHÈQUE

DE

L'ÉCOLE DES BEAUX-ARTS

PAR

MAURICE DE BENGY-PUYVALLÉE

ARCHIVISTE-PALÉOGRAPHE

PARIS

TYPOGRAPHIE PLON-NOURRIT ET Cⁱᵉ
RUE GARANCIÈRE, 8

—

1908

CATALOGUE

DES

MANUSCRITS

DE LA

BIBLIOTHÈQUE DE L'ÉCOLE DES BEAUX-ARTS

CATALOGUE

DES

MANUSCRITS

DE LA BIBLIOTHÈQUE

DE

L'ÉCOLE DES BEAUX-ARTS

PAR

MAURICE DE BENGY-PUYVALLÉE

ARCHIVISTE-PALÉOGRAPHE

PARIS

TYPOGRAPHIE PLON-NOURRIT ET Cie

RUE GARANCIÈRE, 8

—

1908

MANUSCRITS

DE

L'ÉCOLE DES BEAUX-ARTS

La bibliothèque de l'Ecole des Beaux-Arts se rattache aux débuts de l'ancienne Académie de Peinture et de Sculpture, dont elle est l'héritière naturelle et directe en tant qu'établissement et qu'enseignement. L'Académie de Peinture et de Sculpture, fondée en 1648 par Séguier et Mazarin, comprenait à l'origine vingt-cinq membres, douze officiers dits « Anciens », qui étaient chargés de faire à tour de rôle des leçons publiques, onze académiciens, deux syndics. Les assemblées de l'Académie se tinrent primitivement rue des Deux-Boules, puis au logis Sainte-Catherine, ensuite au Palais-Royal, dans l'appartement appelé Palais Brion; plus tard, on les transféra au Louvre, en 1692.

Les procès-verbaux des séances, les pièces de comptabilité et divers mémoires rédigés par les premiers secrétaires constituèrent le fonds primitif des archives. Ces archives s'enrichirent dans la suite par le fait du versement des inventaires des manuscrits des conférences des divers académiciens, des mémoires des historiographes de l'Académie et des travaux des associés. Dès 1653 avaient été instituées des conférences périodiques sur l'art, faites par les plus illustres des membres de l'Académie et ces conférences se poursuivirent à intervalles irréguliers jus-

1

qu'en 1792 (1). La première en date est celle de Lebrun, sur le *Saint Michel* de Raphaël, faite en 1667. Quelques années après (1682), la fonction d'historiographe de l'Académie fut confiée à un écrivain connu, Guillet de Saint-Georges; il était chargé de la rédaction des conférences, et de la description des tableaux que les membres nouveaux donnaient pour leur réception. Puis, vers la fin de 1689, il commença à composer pour les séances solennelles de l'Académie des éloges des membres que la mort avait frappés; ces mémoires contiennent de précieux renseignements sur la vie et les ouvrages des premiers académiciens (2). Ses successeurs, Guérin, Tavernier, Dubois de Saint-Gelais, Lépicié, Ch. Cochin fils, Renou déployèrent moins de zèle; les associés de l'Académie se montrèrent par contre très actifs. De nombreux travaux relatifs aux arts et aux artistes sortirent de la plume du comte de Caylus, et furent lus aux séances solennelles; Hulst étudia plus spécialement l'histoire de l'Académie; Valory, Gougenot, Watelet se distinguèrent par les mémoires qu'ils composèrent sur divers sujets artistiques. Enfin l'Académie compta aussi dans son sein quelques artistes écrivains, Ch. Coypel, N. Wleughels, C.-F. Desportes.

L'Académie de Peinture et de Sculpture fit procéder à plusieurs reprises, dans le cours du XVIIe et du XVIIIe siècle, au récolement des objets qu'elle possédait, peintures, sculptures, dessins, gravures, manuscrits, livres, etc.

L'Académie d'Architecture, dont les ateliers furent réunis pendant la Révolution à ceux de l'Académie de Peinture et de

(1) Certaines de ces conférences ont été publiées par Félibien dans les *Conférences de l'Académie de Peinture et de Sculpture* (Paris, 1669, in-4°), d'autres par Coypel, dans les *Discours prononcés dans les Conférences de l'Académie royale de Peinture et de Sculpture* (Paris, 1721, in-4°). Une édition plus complète a paru par les soins de M. Jouin, *Conférences de l'Académie royale de Peinture et de Sculpture* (Paris, 1883, in-8°).

(2) Une partie de ces mémoires a été publiée par MM. Dussieux, Soulié, de Chennevières, Mantz et de Montaiglon dans les *Mémoires inédits des membres de l'Académie royale de Peinture et de Sculpture* (Paris, 1854, 2 vol. in-8°).

Sculpture, possédait de son côté des livres, des manuscrits, des gravures et des dessins, dont un rapport de Sedaine, en 1788, constate l'état d'abandon (1).

Ces Académies ayant été supprimées en 1793, leurs bibliothèques, archives et collections diverses restèrent au Louvre, à l'exception de certains morceaux de réception, et des « restaurations » des monuments antiques des pensionnaires de l'Académie, qui furent rendus à leurs auteurs ou ayants droit. Ces collections furent ensuite transportées au palais des Quatre-Nations (Institut), sauf ce qui avait été détruit ou volé. Après la suppression, en 1816, du Musée de monuments français d'Alexandre Lenoir, le gouvernement de la Restauration destina l'ancien couvent des Petits-Augustins aux services de l'École des Beaux-Arts et les divers objets provenant des anciennes Académies de peinture, de sculpture et d'architecture furent transportés, de 1837 à 1840, dans les nouveaux bâtiments construits par Debret, puis par Duban.

La bibliothèque de l'École des Beaux-Arts n'a été officiellement ouverte qu'en 1864, et le service des archives et des manuscrits ne fut organisé, qu'en 1878, en service spécial; il a été réuni depuis à la bibliothèque.

Actuellement la bibliothèque de l'École des Beaux-Arts possède 638 manuscrits, dont les uns proviennent du fonds des archives des anciennes Académies de Peinture, de Sculpture et d'Architecture, tandis que les autres sont entrés au cours du XIXe siècle.

Le fonds des anciennes Académies comprend les procès-verbaux des séances (1-12), les divers travaux de Hulst sur l'histoire de l'Académie de Peinture (14, 17, 19, 43 et 44), des listes des membres, plusieurs volumes d'inventaires de meubles,

____

(1) Voir E. MÜNTZ, *la Bibliothèque de l'École des Beaux-Arts avant la Révolution (1648-1793)*, dans les *Mémoires de la Société de l'Histoire de Paris*, t. XXIV (1897), p. 33-50, et tirage à part de 22 pages.

tableaux, sculptures (31-39), les mémoires de Guillet de Saint-Georges (59-129), les conférences des Académiciens (130-238), de nombreuses pièces de comptabilité (556-614), etc.

Au cours du XIXe siècle la bibliothèque s'est enrichie des restaurations des anciens élèves des Écoles de Rome et d'Athènes (239-288 et 618-624) (1), ainsi que de dons et d'achats. Sont entrés ainsi : les ouvrages de Deseine (289-292), donnés en 1888 par M. Lechatelier; les manuscrits d'Alexandre Lenoir, fondateur du Musée des Monuments français (293-315); les manuscrits de Louis David (316-324), légués par M. David Chassagnolle; les ouvrages de Gault de Saint-Germain (325-332); de Guenébault (333-396); du mathématicien Francœur (397-438), légués en 1884; du baron de Triqueti (439-443), donnés en 1887; du baron de Girardot (444-450), donnés en 1888. L'École a acheté en 1893 les papiers de M. Alfred Michiels (451-476). La collection de M. Chenavard (477-480), comprenant quatre livres d'heures, du XIVe au XVIe siècle, fut léguée en 1889, et la même année la bibliothèque s'enrichissait de la magnifique collection Lesoufaché, qui ne comprend pas moins de dix-neuf manuscrits (481-489), parmi lesquels on remarque des livres d'heures et des manuscrits enluminés, relatant les sacres et les obsèques des rois et princes du sang. Parmi les autres acquisitions, il faut encore citer : le journal du voyage de Bouchard dans le royaume de Naples (502), les papiers de Caylus (522-523), ceux de D. Ramée (524-531), de d'Escamps (532-543), les autographes et passeports de l'architecte Garnier (545-546), etc.

Dans le nouvel inventaire que nous publions ici, avec le con-

____

(1) Le *Catalogue des mss. de l'École des Beaux-Arts*, d'Eugène MÜNTZ (1895), mentionne, sous les n°s 185 *ter*, 188, 193, 195, 197, 207, 208 *bis*, 209, 209 *bis*, 214 à 216, 219, 221, 225, 230, 231, 234, 238, 245, 249, 253 à 255 et 458, un certain nombre de restaurations de monuments antiques, dues à des architectes pensionnaires de l'Académie de France à Rome, au XIXe siècle, et qui n'ont jamais existé dans les collections de l'École des Beaux-Arts. Il en est de même du n° 396, ayant fait partie de la collection Lesoufaché et qui n'est pas entré non plus à la bibliothèque de l'École des Beaux-Arts.

cours de notre confrère et ami, A. Boinet, qui s'est chargé d'examiner les manuscrits des collections Chenavard et Lesoufaché,
nous avons conservé l'ordre général de classement adopté par
Eugène Müntz dans son catalogue de 1895 (1); mais nous
avons dû apporter des modifications dans les numéros d'ordre
des divers volumes et liasses. C'est pour nous un agréable devoir,
en terminant, de remercier M. L. Marcheix, conservateur de
la Bibliothèque de l'École des Beaux-Arts, de toute l'obligeance
qu'il a mise à faciliter notre travail.

Maurice DE BENGY-PUYVALLÉE.

(1) *Catalogue des manuscrits de la bibliothèque de l'École des Beaux-Arts*
(Paris, 1895, in-8°, 26 pages); tirage à part de l'*Inventaire sommaire des manuscrits des bibliothèques de France dont les catalogues n'ont pas été imprimés*,
d'Ulysse ROBERT (Paris, 1896, in-8°), p. 585-606. Cf. aussi le *Guide de l'École nationale des Beaux-Arts*, par Eugène MÜNTZ (Paris [1889], in-16), p. 138 et suiv.

1-10. Procès-verbaux de l'Académie royale de Peinture et de Sculpture. (1648-1795.)

Publiés par A. de Montaiglon (Paris, 1875-1892, 10 vol. in 8°).

1. Tome Ier. Années 1648-1664 (mai). — 221 feuillets.

2. — II. — 1664, juin-1681, décembre. — 156 feuillets.

3. — III. — 1682, janvier-1698, août. — 246 feuillets.

4. — IV. — 1698, 3 août-1717, décembre. — 248 feuillets.

5. — V. — 1718, janvier-1739, juin. — 296 feuillets.

6. — VIII. — 1761, janvier-1774, décembre. — 185 feuillets.

7. — VI. — 1739, juillet-1749, décembre. — 194 feuillets.

8. — VII. — 1750, janvier-1760, décembre. — 188 feuillets.

9. — IX. — 1775, janvier-1785, décembre. — 164 feuillets.

10. — X. — 1786, janvier-1793, août. — 120 feuillets.

XVIIe et XVIIIe siècles. Papier. Dix volumes : les deux premiers, 360 sur 230 millim; les huit autres, 435 sur 290 millim. Rel. veau fauve. (Ancien n° 1.)

11-12. Extraits des registres des délibérations de l'Académie royale de Peinture et de Sculpture, de 1648 à 1752.

Tome Ier. Années 1648-1666. — 720 pages.

— II. — 1697-1752. — 880 pages.

XVIIIe siècle. Papier. 2 volumes. 320 sur 210 millim. Cartonnés. (Ancien n° 1 *bis*.)

13. « Projet pour l'histoire de l'Académie [royale de Peinture et de Sculpture] et moyens de l'exécuter. »

XVIIIe siècle. Papier. 258 pages. 250 sur 185 millim. Cartonné. (Ancien n° 2.)

14. Histoire de l'Académie royale de Peinture et de Sculpture, de 1648 à 1653.

Feuillets portant des corrections autographes de Hulst.

XVIII⁰ siècle. Papier. 255 pages. 250 sur 195 millim. Cartonné.
(Ancien n° 3.)

15. « Préface de l'histoire de l'Académie [royale de Peinture et de
Sculpture], par M. le comte de Caylus, pour placer à la tête des *Annales*,
par M. Hulst. »

XVIII⁰ siècle. Papier. 16 pages. 250 sur 185 millim. Cartonné.
(Ancien n° 4.)

16. I. Notices sur la vie et les œuvres de plusieurs peintres célèbres.
— 11 pages.

II. « Plan pour composer l'histoire de l'Académie [royale de Peinture et de Sculpture], dont M. Hulst s'était chargé de l'exécution. » —
6 pages.

XVIII⁰ siècle. Papier. 280 sur 160 millim. Cartonné. (Ancien n° 5.)

17. « Mémoires pour servir à l'histoire de l'Académie royale de
Peinture et de Sculpture. »

A. de Montaiglon, qui a publié, en 1853 (deux volumes in-8°), une
édition de ces Mémoires sur un manuscrit de la Bibliothèque nationale,
a proposé de les attribuer à Testelin jeune, ancien secrétaire de l'Académie ; cette opinion se trouve confirmée par le passage suivant, extrait
des procès-verbaux de l'ancienne Académie : « Séance du 1ᵉʳ février
1772... Le secrétaire a continué la lecture des Mémoires de M. Testelin,
rédigés par feu M. Hulst, honoraire amateur, sous le titre de : Mémoires pour servir à l'histoire... »

XVII⁰ siècle. Papier. 621 feuillets. 320 sur 200 millim. Rel. veau
fauve, aux armes du roi. (Ancien n° 6.)

18. « Idée de l'Académie royale de Peinture et de Sculpture, établie
à Paris. »

Deux exemplaires du même mémoire anonyme, de 15 et 19 pages.

XVII⁰ siècle. Papier. 270 sur 195 millim. Cartonné. (Ancien n° 7.)

19. « Détails anecdotes concernant l'établissement et la restauration
de l'Académie royale de Peinture et de Sculpture, par un ami de la
Vérité » [Hulst].

A la page 1, on lit en marge : «Ce manuscrit a été remis au net par l'auteur, et donné par lui à la Bibliothèque du Roy; il est augmenté d'une table des matières. » Cf. le ms. français 12345, de la Bibliothèque nationale, intitulé : « Mémoires pour servir à l'Académie de Peinture et de Sculpture. MDCLXIII. »

XVIIIe siècle. Papier. 202 pages. 280 sur 210 millim. Demi-rel. (Ancien n° 8.)

20. Ordre chronologique des réceptions à l'Académie royale de Peinture et de Sculpture, de 1648 à 1702.

XVIIIe siècle. Papier. 127 pages. 355 sur 230 millim. Cartonné. (Ancien n° 9.)

21-22. Liste des noms et adresses des membres et élèves de l'Académie royale de Peinture et de Sculpture, de 1648 à 1751.

Listes imprimées, auxquelles sont ajoutées des notes manuscrites.

Tome I. Années 1648-1749. — 154 feuillets.

— II. —   1675-1756. — 65 feuillets.

XVIIe et XVIIIe siècles. Papier. Deux volumes. 500 sur 330 millim. Rel. parchemin. (Ancien n° 10.)

23. I. « Tableau chronologique de tous les peintres, sculpteurs, graveurs et honoraires, qui ont été reçus à l'Académie royale de Peinture et de Sculpture, depuis son établissement [en 1648] jusqu'en… [1751], par M. Hulst. » — 97 pages.

II. « Tableau successif de chacune des classes d'officiers et d'honoraires de l'Académie royale de Peinture et de Sculpture, depuis son établissement jusqu'à y compris l'année 1752. » — 129 pages.

XVIIIe siècle. Papier. 325 sur 148 millim. Demi-rel. (Anciens n°s 11-12.)

24. « Examen de la qualité et de la nature des privilèges de l'Académie royale de Peinture et de Sculpture, relativement à l'idée formée de les faire déclarer communes avec l'Académie de Toulouse. »

XVIIIe siècle. Papier. 12 pages. 315 sur 205 millim. Cartonné. (Ancien n° 13.)

25. Recueil de pièces concernant l'Académie royale de Peinture et de Sculpture.

Lettre « au Roy et à nos seigneurs de son Conseil » sur un démêlé de l'Académie avec les maîtres jurés. La même lettre se trouve copiée sur un cahier à la fin du volume. (4 pages.)

Page 9. « Arrest du Conseil d'Estat portant deffences aux maistres et jurez peintres et sculpteurs de donner aucun trouble ou empêchement aux peintres et sculpteurs de l'Académie en quelque sorte et manière que ce soit ». (20 janvier 1648.)

Page 11. « Statuts et règlements de l'Académie royalle de Peinture et de Sculpture, du mois de février 1648. »

Page 15. Extrait des registres du Conseil d'Estat, contenant confirmation de l'arrêt du 20 janvier 1648. (19 mars 1648.)

Page 16. « Rolle des Académistes, selon l'ordre du mois et celuy des réceptions. »

Page 19. « Registre des délibérations prises dans les Assemblées génèralles de l'Académie royalle de Peinture et de Sculpture, qui seront de mesme force et vertu, et mises à exécution sans délay ny retardement, que les statuts et règlements de ladicte Académie, suivant le XI⁰ article desdits règlements, omologuez par lettres patentes de Sa Majesté, du mois de febvrier 1648. »

Page 59. « Article de jonction contracté entre l'Académie et la maîtrise. » (1651.)

Page 64. « Lettres patentes du roy Charles septième, données en faveur des peintres et sculpteurs... » (1431.)

> XVII⁰ siècle. Papier. 75 pages. 420 sur 285 millim. Rel. en maroquin vert. (Ancien n⁰ 14.)

26. « Extrait par ordre alphabétique des registres de l'Académie royale de Peinture et de Sculpture. »

> XVIII⁰ siècle. Papier. 57 feuillets. 355 sur 230 millim. Cartonné. (Ancien n⁰ 15.)

27. Pièces diverses concernant les dignitaires de l'Académie royale de Peinture et de Sculpture, par Hulst.

I. « Dissertation sur les recteurs et adjoints à recteurs. » — 164 pages.

II. « Directeurs de l'Académie jusqu'en 1752, depuis 1648. » —
148 pages.

III. « Autre dissertation sur les recteurs. » — 16 pages.

IV. « Des adjoints à recteurs. » — 42 pages.

V. « Règlement pour les agrégations et réceptions ; quinze articles. »
— 12 feuillets.

VI. « Titre des agrégations et réceptions. » — 16 pages.

VII. « Réflexions sur la charge de MM. les conseillers de l'Académie. » Double exemplaire. — 8 pages.

VIII. « Raisons qui établissent l'alternative de la charge de directeur de l'Académie royale de Peinture et de Sculpture entre les sculpteurs et les peintres. » (1711.) — 12 pages.

IX. « Mémoire au sujet de la dignité de directeur qu'entraîne avec
soi celle de premier peintre. » Double exemplaire ; plus deux copies de
délibérations et une copie de remontrances. — 16 pages.

XVIII⁰ siècle. Papier. 310 sur 205 millim. Cartonné. (Ancien n⁰ 16.)

28. Note de Hulst sur l'histoire de l'Académie [royale] de Peinture
et de Sculpture.

I. « École académique. » — 16 pages.

II. « De l'École Académique et de ses officiers. » — 240 pages.

XVIII⁰ siècle. Papier. 218 sur 150 millim. Cartonné. (Ancien n⁰ 17.)

29. « Étudiants de l'Académie royale de Peinture et de Sculpture,
qui d'année en année ont remporté les grands prix de peinture
institués par les statuts de 1663. » (1664 à 1749). [De la main de
Hulst.]

XVIII⁰ siècle. Papier. 32 pages. 210 sur 150 millim. Cartonné.
(Ancien n⁰ 18.)

30. Pièces relatives à la guérison de Louis XIV.

I. « Description des tableaux et des autres ornements dont l'Académie royale de Peinture et de Sculpture a décoré l'église des Révé-
rends Pères de l'Oratoire de la rue Saint-Honoré, où elle a fait rendre
grâces pour la guérison du Roy. » Paris, 1687, in-4⁰. — 11 pages
imprimées.

II. « Discours chrétien sur la guérison du Roy. Début. « Je vous

« loüeray, Seigneur, devant les peuples et je chanteray des cantiques
« à votre gloire... » (1687). — 57 pages.

XVIIe siècle. Papier. 2 dessins. 285 sur 105 millim. Rel. veau.
(Ancien n° 19.)

51. « Inventaire des meubles et ustensiles appartenans à l'Académie
royalle de Peinture et de Sculpture, fait et réduit en cet ordre par monsieur de Sève l'aisné, adjoint-recteur, monsieur Paillet, professeur,
tous deux en exercice, et le secrétaire, nommez à cet effet de la compagnie le 7e novembre 1680, à la réquisition de monsieur de Beaubrun,
conseiller, professeur et trésorier, chargé de la garde desdits meubles,
ensuitte du récollement fait sur l'antien inventaire, le treize dudit mois,
étant le tout en la présence de mon dit sieur de Beaubrun. »

Cet inventaire est signé et daté de 1682. — Récolements de 1690,
1693, 1697, 1699, 1710, 1712, 1715, 1737 et 1750.

XVIIe et XVIIIe siècles. Papier. 45 pages. 420 sur 280 millim. Rel.
veau raciné. (Ancien n° 20.)

52. « Inventaire des ouvrages de peinture et de sculptures donnés
par les étudiants de l'Académie royale de Peinture et de Sculpture, qui
ont remporté sur lesdits ouvrages les prix qui s'y distribuent tous les
ans par ordre du Roy, fait... par ordre de monsieur de Sève l'aisné...,
monsieur Paillet et le secrétaire..., le septiesme novembre mil six cent
quatre vingt deux, à la réquisition de M. de Beaubrun... »

L'inventaire va de 1664 à 1711. — Récolements de 1690, 1693,
1694, 1697, 1699, 1710 et 1712.

XVIIe et XVIIIe siècles. Papier. 62 pages. 240 sur 285 millim. Rel.
veau raciné. (Ancien n° 21.)

53. « Inventaire des lettres-patentes, brevets, statuts, arrests, titres
et pièces pour l'établissement de l'Académie royalle de Peinture et de
Sculpture, et touchant ses affaires. »

Fol. 39. « Inventaire des livres et estampes appartenant à l'Académie royale de Peinture et de Sculpture. » — Cette liste a été conti-
nuée après le règlement de 1737.

Fol. 68. « Inventaire des planches de cuivre gravées, appartenant à
l'Académie royalle de Peinture et de Sculpture. » — La liste s'arrête

au portrait de Tournehem, peint par Tocqué et gravé par N. Dupuis
en 1754.

En outre un cahier volant : « Inventaire des titres, papiers,
livres, etc..., ajoutés lors du récolement de 1710. » — 5 feuillets.

Récolements successifs de 1693, 1710 et 1737.

XVIIe et XVIIIe siècles. Papier. 75 feuillets. 435 sur 285 millim. Rel.
veau raciné. (Ancien n° 22.)

34. « Catalogue des livres et estampes qui composent le cabinet de
l'Académie roiale de Peinture et de Sculpture. »

Note écrite sur la première page : « Il sera nécessaire de revoir ce
catalogue avec M. L'Epicié sur les livres mêmes qui remplissent les
armoires de l'Académie. Tel qu'il est ici, il a été formé sur le petit
catalogue imprimé qui n'a pas été fait avec l'intelligence et l'exactitude
requises pour un pareil travail. »

XVIIIe siècle. Papier. 24 pages. 295 sur 225 millim. Cartonné.
(Ancien n° 23.)

35. « Inventaire des ouvrages de sculpture en plastre, appartenants
à l'Académie royalle de Peinture et de Sculpture, moulez sur l'antique
et donnez par le Roy, fait, réduit en cet ordre par M. de Sève l'aisné,
adjoint-recteur; M. Paillet, professeur, tous deux en exercice, et le
secrétaire nommez à cet effet de la compagnie, le sept novembre 1682,
à la requisition de M. de Beaubrun, conseiller, professeur et trésorier,
chargé de la garde des dits ouvrages, en suite du récollement fait sur
l'ancien Inventaire, le 13 des dits mois et an, le tout en la présence de
mon dit sieur de Beaubrun. »

Récolements de 1690, 1693, 1697, 1699, 1710, 1712 et 1737.

XVIIe et XVIIIe siècles. Papier. 41 pages. 420 sur 285 millim. Rel.
veau raciné. (Ancien n° 24.)

36. « Inventaire des ouvrages de sculpture en plastre..., tant ceux
donnés par les académiciens qu'autres. »

Page 23. « Inventaire des figures en dessein sur papier, données
par MM. les recteurs et professeurs de l'Académie royale [de Peinture
et de Sculpture] pendant leur mois d'exercice (1693). »

Page 37. « Inventaire des figures en terre, cire et plâtre, données par MM. les recteurs de l'Académie royale et professeurs en icelle. (1693.) »

Récolements successifs en 1693, 1694, 1697, 1710 et 1712.

XVIIe et XVIIIe siècles. Papier. 84 pages. 420 sur 285 millim. Rel. veau. (Ancien n° 24 *bis*.)

57. « Inventaire des tableaux appartenans à l'Académie royale de Peinture et de Sculpture, fait et donné par MM. les académiciens, à leurs réceptions, etc... »

Récolements de 1682, 1690, 1693, 1694, 1697, 1699, 1710, 1712 et 1737.

XVIIe et XVIIIe siècles. Papier. 100 pages. 420 sur 285 millim. Rel. veau raciné. (Ancien n° 25.)

58. « Inventaire des tableaux, estampes, appartenans à l'Académie royalle de Peinture et de Sculpture, donnez par MM. les graveurs à leurs réceptions, par M. de Sève l'aisné..., M. Paillet... et le secrétaire nommez à cet effet de la compagnie, le 7 novembre 1682, à la réquisition de M. de Beaubrun..., etc... »

Récolements de 1690, 1693, 1697, 1699, 1710, 1712 et 1737; avec la liste inachevée des gravures données les années suivantes.

XVIIe et XVIIIe siècles. Papier. 64 pages. 420 sur 285 millim. Rel. veau raciné. (Ancien n° 26.)

59. « Inventaire général des tableaux, sculptures, tant en marbre que moulées en plâtre, dessins, planches gravées, estampes, livres, meubles, ustenciles et effets quelconques, et contrats de rente, appartenant à l'Académie royale de Peinture et de Sculpture, présenté par M. Chardin, ancien trésorier de la ditte Académie, au comité du 27 mars 1775. »

XVIIIe siècle. Papier. 148 feuillets. 360 sur 245 millim. Rel. parchemin. (Ancien n° 27.)

40. « Registre de toutes les expéditions émanées de l'Académie de Peinture et de Sculpture, commencé le 10 octobre 1681. » — Lettres de provision, discours, élections, sujets de concours, certificats (1681-1718), etc.

Fol. 85. Provisions expédiées pendant le secrétariat de Cochin (1755-1763.)

XVIIe et XVIIIe siècles. Papier. 219 feuillets. 240 sur 220 millim. Rel. parchemin. (Ancien n° 28.)

41. « Règlement qui est à observer tant sur l'examen et jugement des desseins ou tableaux, qui seront faits dans l'Académie royalle de Peinture et de Sculpture, pour les prix qui y seront proposés, que pour la distribution desdits prix à ceux qui les auront méritez. »

XVIIe siècle. Papier. 8 pages. 365 sur 250 millim. Cartonné. (Ancien n° 29.)

42. « Réflexions sur l'utilité des Académies », servant de préface à un poème intitulé : « Le premier siècle de l'Académie royale de Peinture et de Sculpture ».

XVIIe siècle. Papier. 20 pages. 305 sur 280 millim. Cartonné. (Ancien n° 30.)

43. « Mémoire ou plan des études qui se font à l'Académie royale de Peinture et de Sculpture, d'où dérivent la source et la pépinière des habiles gens », par Hulst.

XVIIIe siècle. Papier. 20 pages. 215 sur 170 millim. Cartonné. (Ancien n° 31.)

44. « Détails relatifs à la rédaction du règlement donné par le Roi à son Académie de Peinture et de Sculpture, le 12 janvier 1751. »

Page 11. « Règlement de 1751, considérations sur la forme à donner au nouveau règlement projetté pour l'Académie roïale de Peinture et de Sculpture », par Hulst. — 100 pages.

Deux autres copies des « Considérations sur la forme à donner au nouveau règlement... ».

L'une de ces copies paraît avoir été écrite de la main de Hulst. — 40 et 42 pages.

XVIIIe siècle. Papier. 285 sur 205 millim. Cartonné. (Ancien n° 32.)

45. Liste alphabétique des élèves de l'Académie royale de Peinture et de Sculpture, depuis le 1er octobre 1758 jusqu'en 1776

A la page 4 : « Liste de MM. les Agréés de l'Académie royale de Peinture et de Sculpture, suivant la date de leur agrégation. »

XVIII⁰ siècle. Papier. 226 pages. 335 sur 225 millim. Rel. parchemin. (Ancien n° 33.)

46. « Observations en réponse à celles de M' Cochin relativement au Prix d'expression. »

XVIII⁰ siècle. Papier. 8 pages. 215 sur 165 millim. Cartonné. (Ancien n° 34.)

47. « Propositions et réflexions concernant le prix fondé par Monsieur le comte de Caylus pour l'étude des têtes et de l'expression. »

XVIII⁰ siècle. Papier. 18 pages. 320 sur 210 millim. Cartonné. (Ancien n° 35.)

48. Recueil de pièces diverses.

I. Réfléxions historiques et critiques sur plusieurs tableaux (de la main de Guillet de Saint-Georges). — 36 feuillets.

II. Dictionnaire des termes propres à la peinture (de la main de Guillet). -— 16 feuillets.

III. Trois lettres concernant le mausolée du cardinal Fleury. — 33 feuillets.

IV. Pièces diverses (description de la Galerie Lambert, extraits des procès-verbaux, etc.). — 66 pages.

V. Réflexions au sujet d'un livre intitulé : « l'Ombre du grand Colbert », par Bachaumont. — 4 pages.

VI. Copie d'une lettre adressée au duc d'Antin à propos de l'élection d'un des directeurs de l'Académie royale de Peinture et de Sculpture (1733). — 4 pages.

VII. Pièces diverses, imprimées et manuscrites, relatives à un pamphlet publié contre l'Académie (1672-1678). — 12 feuillets.

XVII⁰ et XVIII⁰ siècles. Papier. 370 sur 250 millim. Cartonné. (Ancien n° 36.)

49. Dossier concernant le démêlé survenu entre le graveur Bosse et Errard, membre de l'Académie royale de Peinture et de Sculpture.

XVII⁰ siècle. Papier. 7 pièces. 370 sur 230 millim. Cartonné. (Ancien n° 37.)

50. « Nottes sur quelques habiles peintres de l'Académie roïale de Peinture : Cazes, Largillière, de Tournière, Vanloo l'aîné, Vanloo cadet, Parosel (*sic*), Restou, Natoire, Boucher, de la Tour, Chardin, Oudry. »

Ces notes ne donnent que des indications très sèches sur les dates de la naissance, de la mort, de la réception des peintres à l'Académie, etc.

XVIIIe siècle. Papier. 13 feuillets. 250 sur 190 millim. Cartonné. (Ancien n° 38.)

51. I. Notices sur « MM. de Nameur, Rousseau, peintres, des Jardins, sculpteur. Lû à l'Académie [royale de Peinture et de Sculpture] le 4 février 1741 ». — 12 pages.

II. Notices sur Carré, peintre ; Le Cointe, sculpteur ; Corneille le jeune, Testelin le jeune, de Sève le jeune, Michelin, peintres ; Chéron, graveur de médailles ; Bourguignon, peintre. — 18 pages.

III. Notices sur G. de Sève, Jean Tiger, J. B. Monnayer, Martin Lambert, Jacques Buiret. — 14 pages.

XVIIIe siècle, Papier. 285 sur 190 millim. Cartonné. (Ancien n° 39.)

52. I. Notices lues à l'Académie [royale de Peinture et de Sculpture], le 3 juin 1741, sur MM. Van Mol, Perrier, Pinagier, peintres. — 18 pages.

II. Notices sur MM. Le Nain frères, Montagne, Lause, Dorigni, Blanchard, peintres. — 10 pages.

III. Notices sur Testelin aîné, de La Hire, peintres. — 18 pages.

IV. Notices sur Lemoigne, Bicheur, Paupelier, Poerson, du Moutier, Mignard, d'Avignon, peintres. — 11 pages.

XVIIIe siècle. Papier. 285 sur 185 millim. Cartonné. (Ancien n° 40.)

53. I. Notices sur « M. Bailli, peintre ; Migon, professeur de perspective ; Hutinot, Du Bois, sculpteurs ; Baudesson, peintre ; de Champaigne, neveu, peintre ; de Marcy l'aîné, sculpteur ; Le Pautre, graveur ; Du Puis, peintre. Lû à l'Académie [royale de Peinture et de Sculpture] le samedi 3 novembre 1740 ». — 22 pages.

II. Notices sur « MM. Stella, peintre ; Lombard, graveur ; Audran, peintre ; Raton, graveur ; Masson, sculpteur ; de Froide Montagne, Raton

fils, peintres. Lû à l'Académie [royale de Peinture et de Sculpture]
le samedi 10 novembre 1742 ». — 18 pages.

  XVIIIe siècle. Papier. 280 sur 195 millim. Cartonné. (Ancien n° 41.)

54. I. Notices sur « MM. Lerambert, sculpteur; Gervaise, Vanloo,
François, peintres; Le Gendre, sculpteur; Parmentier, peintre; Warin,
graveur; Nocret, peintre. Lû à l'Assemblée du vendredi 7 septembre
1742 ». — 20 pages.

  II. Notices sur « MM. Gissez dessinateur; Moillon, sculpteur; de
Champagne, peintre. Lû à l'Académie [royale de Peinture et de Sculp-
ture] à l'Assemblée du 1er d'octobre 1740 ». — 14 pages.

  XVIIIe siècle. Papier. 280 sur 190 millim. Cartonné. (Ancien n° 42.)

55. I. Notices sur « MM. Poignant, sculpteur; Quillerier, peintre;
Berthellemy, Heince, peintres; Huret, graveur; Vignon, peintre. Lû à
l'Académie [royale de Peinture et de Sculpture] le 29 juillet 1741 ».
— 14 pages.

  II. Notices sur « Testelin l'aîné, Henri Beaubrun, peintres ».
— 14 pages.

  III. Notices sur « MM. Du Guernier, peintre; Sarazin, sculpteur ».
— 14 pages.

  IV. Notices sur « Gosvin, de Mauperché, Bernard, Errard,
Ferdinand, peintres. Lû à l'Académie [royale de Peinture et de Sculp-
ture] le samedi 4 mars 1743 ». — 14 pages.

  XVIIIe siècle. Papier. 285 sur 190 millim. Cartonné. (Ancien n° 43.)

56. I. Notices sur « MM. Charmetton, Lefèvre, Flemal, peintres;
Herrard, sculpteur; Chauveau, graveur; le chevalier Le Nain, peintre,
Ecman, Pader, peintres. Lû à l'Académie [royale de Peinture et de
Sculpture] le samedi 1er avril 1743 ». — 14 pages.

  II. Notices sur « MM. de Saint-André, peintre; Guérin, sculpteur;
Daret, peintre et graveur; Bernaert (Nicasius), peintre; Sarrazin, sculpteur; Loyr, Borzoni, peintres. Lû à l'Académie [royale de Peinture et
de Sculpture] le samedi 1er décembre 1742 ». — 16 pages.

  XVIIIe siècle. Papier. 285 sur 190 millim. Cartonné. (Ancien n° 44.)

57. I. Notices sur « MM. Hallier, Toutain, peintres; Anguier, sculpteur. Lû à l'Académie [royale de Peinture et de Sculpture] le 3 mars 1743 ». — 11 pages.

II. Notices sur « MM. Rousselet, graveur; Licheric, Le Maire, peintres; Buyster, sculpteur; Villequin, peintre. Lû à l'Académie le 4 mars 1741 ». — 7 pages.

III. Notices sur « MM. Lespagnandelle, Bonnemer, Blanchet, peintres; Le Hongre, sculpteur. Lû à l'Académie le 4 mars 1741 ». — 10 pages.

IV. Notices sur « MM. Tortebat, Van der Meulen, Yvart, peintres; Silvestre, graveur; Mignard (Paul), Beaubrun (Charles), Viviani, peintres; Rousselet, sculpteur. Lû à l'Académie le samedi 1ᵉʳ février 1743 ». — 12 pages.

V. « Canevas pour la vie de monsieur Israël Silvestre. » — 2 pages.

XVIIIᵉ siècle. Papier. 325 sur 215 millim. Cartonné. (Ancien nᵒ 45.)

58. I. Notices sur « MM. Magnier, sculpteur; Masson, graveur; Tubi, sculpteur; Gascar, Paillet, Vignon Ph., peintres ». — 18 pages.

II. Notices sur « MM. Van Schuppen, graveur; Huilliot, peintre; Vignon l'aîné, peintre; Audran, l'oncle, graveur; Rœttier, graveur de médailles; Monier, peintre ». — 11 pages.

XVIIIᵉ siècle. Papier. 285 sur 190 millim. Cartonné. (Ancien nᵒ 46.)

59. « Notices historiques sur « MM. Nocret, peintre; Philippe de Champagne, J.-B. de Champagne, peintres; M. Anguier, sculpteur; Le Sueur, Vignon, L. de La Hire, peintres; les frères Marcy, sculpteurs; Sarrazin, peintre et sculpteur; Audran, Buister, Guillain, Poissau, Beaubrun, Errard, peintres. »

Page 61. « Discours sur le portrait du Roy, que l'Académie royalle de Peinture et de Sculpture a fait mettre dans la grande salle où l'on s'assemble », par Guillet de Saint-Georges, historien de l'Académie.

La plupart de ces notices ont été publiées d'après ce manuscrit dans les *Mémoires inédits sur la vie et les ouvrages de l'Académie royale de Peinture et de Sculpture* (Paris, 1854, 2 vol. in-8ᵒ), par MM. Dussieux, Soulié, de Chennevières, Mantz et A. de Montaiglon.

XVIIᵉ siècle. Papier. 112 pages. 290 sur 165 millim. Cartonné. (Ancien nᵒ 46 *bis*.)

60. I. « Mémoire historique des ouvrages de M. Anguier, recteur de l'Académie royalle de Peinture et de Sculpture », par Guillet de Saint-Georges. — 3 exemplaires, de chacun 8 ou 9 pages. — En tête du dernier on lit : « Lû à l'Académie le samedy 6 may 1690 ». — Publié dans les *Mémoires inédits...*, tome Ier, p. 435.

II. Autre mémoire sur Anguier. — 21 pages.

III. « Mémoire des principaux ouvrages de M. Michel Anguier. » — 2 exemplaires (11 et 14 pages, le dernier incomplet). Cf. dans le ms. 59 la notice sur Anguier. — Le premier de ces exemplaires paraît être de la main de Van Clève.

XVIIe siècle. Papier. 270 sur 180 millim. Cartonné. (Ancien n° 47 *bis*.)

61. I. « Vies de Michel Anguier, recteur de l'Académie royale de Peinture et de Sculpture, et de Thomas Regnaudin, adjoint à recteur, sculpteurs, par le comte de Caylus. » — En marge : « 3 mai 1749. » 89 pages — Publiées dans les *Mémoires inédits...*, tome Ier, p. 451 ; extraits dans Jouin, *Conférences de l'Académie royale de Peinture et de Sculpture* (1883, in-8°), p. 108.

II. « La vie de Michel Anguier, sculpteur ; etc... ». Même travail incomplet et qui paraît avoir été copié de la main de Hulst. — 24 pages.

III. « Vie de Michel Anguier, sculpteur. » Extrait du travail de Caylus. — 8 pages.

XVIIIe siècle. Papier. 250 sur 195 millim. Cartonné. (Ancien n° 47 *ter*.)

62. « Mémoire historique des ouvrages de M. Audran, peintre et professeur de l'Académie royalle de Peinture et de Sculpture. Lû à l'Académie le samedy 3 juin 1690 », par Guillet de Saint-Georges. C'est la minute de la notice sur Audran du manuscrit 59.

XVIIe siècle. Papier. 9 pages. 230 sur 170 millim. Cartonné. (Ancien n° 48.)

63. I. « Mémoire historique des principaux ouvrages de feu Henry de Beaubrun, qui a esté un des douze Anciens, qui jettèrent les fondemens de l'Académie [royale de Peinture et de Sculpture]. Lû à l'Académie le samedy 3 février 1691 », par Guillet de Saint-Georges. Ce mémoire est la reproduction de la notice consacrée à Beaubrun dans le manuscrit 59. — 8 pages.

II. Document original sur les Beaubrun utilisé par Guillet pour le mémoire précédent. — 6 pages.

III. Brouillons qui ont servi à Guillet pour la rédaction de son mémoire. Au dos de l'un d'eux se trouvent quelque notes sur Le Sueur. — 6 pages.

XVIIe siècle. Papier. 245 sur 185 millim. Cartonné. (Ancien n° 49.)

64. I. « Mémoire historique des principaux ouvrages de Messieurs les Beaubrun » (voir le manuscrit précédent). — 4 feuillets.

Autre rédaction du mémoire de Guillet. — 4 pages.

II. Brouillon ayant servi à Guillet pour la rédaction de son mémoire. — 8 pages.

XVIIe siècle. Papier. 305 sur 210 millim. Cartonné. (Ancien n° 50.)

65. Notice sur Simon Belle, peintre. — Publiée dans les *Mémoires inédits...*, tome II, p. 233.

XVIIIe siècle. Papier. 4 pages. 335 sur 215 millim. Cartonné. (Ancien n° 51.)

66. I. Mémoire sur Nicolas Bertin. — Publié dans les *Mémoires inédits*, tome II, p. 231. — 4 pages.

II. Autre rédaction. — On lit en marge : « Tiré du *Mercure* ». — 4 pages.

III. Brouillon de la seconde rédaction précédé d'une note de Sébastien Bourdon. — 4 pages.

XVIIIe siècle. Papier. 370 sur 145 millim. Cartonné. (Ancien n° 52.)

67. « Extrait des registres de l'Académie roïale de Peinture et de Sculpture. » — Notes sur Louis de Boullogne, le père, et sur ses fils, Bon et Louis de Boulogne. — Paraît copié de la main de Hulst.

XVIIIe siècle. Papier. 4 pages. 235 sur 185 millim. Cartonné. (Ancien n° 53.)

68. I. « Vie de M. Boullogne le père, peintre. Lû à l'Académie [royale de Peinture et de Sculpture] le samedi 7 avril 1742. » — 14 pages.

II. Autre vie anonyme de M. de Boulogne. — 11 pages.

III. « Mémoire historique des principaux ouvrages de peinture et de sculpture de M. de Bologne le père, qui a esté un de ceux qui jettèrent les fondements de l'Académie royalle de Peinture et de Sculpture », par Guillet de Saint-Georges. — Publié dans les *Mémoires inédits*..., tome I, page 195. — 4 exemplaires : 8, 20, 8 et 8 pages. — En marge du 4° exemplaire on lit cette mention : « Lû à l'Académie le 7 février 1693. »

XVII° et XVIII° siècles. Papier. 285 sur 195 millim. Cartonné. (Ancien n° 54.)

69. « Discours sur la vie de M. de Boullogne, écrite par Monsieur Wattelet, prononcée à l'Académie royale de Peinture le 3 avril 1751. » 2 exemplaires. — 4 et 5 pages.

XVIII° siècle. Papier. 315 sur 305 millim. Cartonné. (Ancien n° 55.)

70. I. « Mémoire historique des principaux ouvrages de M. Bourdon, l'un des douze Anciens, qui ont jetté les fondemens de l'Académie [royale de Peinture et de Sculpture] et qui en ont remply les premières charges. Lû à l'Académie le samedy 7 juin 1692, » par Guillet de Saint-Georges. — Publié dans les *Mémoires inédits*..., tome 1er, p. 87. — 20 pages.

II. Autre rédaction intitulée : « M. Bourdon peintre. » — 13 pages.

III. Autre rédaction intitulée : « Vie de M. Bourdon. » — 11 pages.

IV. « Réponse à M. Mariette sur la vie de M. Bourdon, peintre, prononcée à l'Académie royale de Peinture et de Sculpture le 2 octobre 1751. » — 3 pages.

V. « Réponse à M. Mariette sur une dissertation de M. Bourdon qu'il revise. » — 4 pages.

XVII° et XVIII° siècles. Papier. 315 sur 205 millim. Cartonné. (Ancien n° 56.)

71. I. « Vie de Antoine Bouzonet dit Stella. » — 4 pages.

II. « Mémoire historique des principaux ouvrages d'Antoine Bouzonet, surnommé Stella, peintre et adjoint à professeur de l'Académie royalle de Peinture et de Sculpture. Lû à l'Académie le samedy premier jour de décembre 1691 », par Guillet de Saint-Georges. — Publié dans les *Mémoires inédits*..., tome 1er, p. 422. — 7 pages.

III. Lettre de la sœur de Stella à M. [Guillet] de Saint-Georges sur quelques détails de la vie de son frère. — 1 page.

IV. « Discours cotenent (*sic*) de quelle façon estoit ornée l'église des R. P. Jacobins réformés de la rûe Saint Honoré à la canonisation de sainte Rose, religieuse jacobine, native de Lima, capitale du Pérou, laquelle solennité fu commencé le 29ᵉ août 1671 et dura 8 jours. » — Publié dans les *Mémoires inédits...*, tome Iᵉʳ, p. 430. — 3 pages.

XVIIᵉ siècle. Papier. 235 sur 180 millim. Cartonné. (Ancien nº 57.)

72. I. « Mémoire historique des ouvrages de M. Buister, sculpteur, et professeur de l'Académie royale de Peinture et de Sculpture. Lû à l'Académie le samedy 6 octobre 1690 », par Guillet de Saint-Georges. — 10 pages. — Ce mémoire est la minute de la notice consacrée à Buister par Guillet dans le manuscrit 59.

II. Brouillon du même mémoire. — 4 pages.

III. Résumé du même mémoire. — 4 pages.

IV. « Vie de Philippe de Buyster, sculpteur », par le comte de Caylus. — 18 pages.

V. « Réponse à la vie de Buyster par M. le comte de Caylus. » — Cf. *Mémoires inédits...*, tome Iᵉʳ, p. 280. — 3 pages.

XVIIᵉ siècle. Papier. 325 sur 210 millim. Cartonné. (Ancien nº 58.)

73. « La vie de Jean-Baptiste Champagne, nommé ordinairement le neveu. »

XVIIᵉ siècle. Papier. 4 pages. 125 sur 185 millim. Cartonné. (Ancien nº 59.)

74. « Éloge de M. Chardin [lu] 2 aoust 1780, en séance publique de l'Académie royale des sciences, belles lettres et arts de Rouen. » — Publié dans les *Mémoires inédits...*, tome II, p. 428.

XVIIIᵉ siècle. Papier 12 pages. 300 sur 190 millim. Cartonné. (Ancien nº 60.)

75. I. Notes fournies par M. Le Gros sur la vie de Van Clève. — 3 pages.

II. Autres notes. — 2 pages.

III. « Projet de préface pour mettre à la teste de la vie de M. Van Clève, par M. Lépicié. » — Deux exemplaires de 6 pages chacun.

XVIII° siècle. Papier. 335 sur 225 millim. Cartonné. (Ancien n° 61.

76. I. Notice sur M. Corneille, le père. — 1 page.

II. Notice sur Michel Corneille, le fils. — Publiée dans les *Mémoires inédits*..., tome I°, p. 383. — 2 pages.

XVIII° siècle. Papier. 270 sur 185 millim. Cartonné. (Ancien n° 62.)

77. Notice sur Antoine Coyzevox. — Publiée dans les *Mémoires inédits*..., tome II, p. 33.

XVIII° siècle. Papier. 310 sur 190 millim. Cartonné. (Ancien n° 63.)

78. « Mémoire historique des principaux ouvrages de M. Desjardins, sculpteur du Roy et recteur de l'Académie royalle de Peinture et de Sculpture », par Guillet de Saint-Georges. — Publié dans les *Mémoires inédits*..., tome I°, p. 396.

XVII° siècle. Papier. 14 pages. 225 sur 170 millim. Cartonné. (Ancien n° 64.)

79. 1. « La vie de M. Desportes, peintre d'animaux, écrite par son fils, conseiller de la même Académie [royale de Peinture et de Sculpture]. Lû en l'Assemblée du 3 août 1748. » — 25 pages. — Publiée dans les *Mémoires inédits*..., tome II, p. 98.

II. « Réponse à l'éloge de M. Desportes écrit par son fils. » — 5 pages.

XVIII° siècle. Papier. 320 sur 205 millim. Cartonné. (Anciens n°° 65 et 66.)

80. I. Notice sur Gérard Edlinck, graveur, par Hulst. — 1 page.

II. « Vie de Gérard Edlinck, graveur du roi, et conseiller de l'Académie royale de Peinture et de Sculpture », par le comte de Caylus. — 3 exemplaires de cette notice, le 1° de 18 pages, le 2° de 12 pages, le 3° de 28 pages. Ce dernier exemplaire porte des corrections de la main de l'auteur.

XVIII° siècle. Papier. 370 sur 245 millim. Cartonné. (Ancien n° 67.)

81. I. « Mémoire historique des principaux ouvrages de peinture de M. Errard, directeur de l'Académie royale de Peinture et de Sculpture. Lû à l'Académie pour la première fois le samedy 4 novembre 1690, et relu en partie le 2 janvier 1699 », par Guillet de Saint-Georges. — Publié dans les *Mémoires inédits...*, tome Ier, p. 73. — 11 pages.

II. Deuxième exemplaire du même mémoire. — 10 pages.

III. Troisième exemplaire du même mémoire. — 7 pages.

IV. Épitaphe de M. Erard à son tombeau dans le cloître de Saint-Louis des Français à Rome, en latin. — Publiée dans les *Mémoires inédits...*, tome Ier, p. 85. — 1 page.

V. Même épitaphe, en français. — Publiée dans les *Mémoires inédits...*, tome Ier, p. 85. — 1 page.

VI. Note sur un médaillon représentant Errard. — Publiée dans les *Mémoires inédits...*, tome Ier, p. 86. — 1 page.

XVIIe siècle. Papier. 270 sur 170 millim. Cartonné. (Ancien no 68.)

82. I. « Mémoire pour servir à la vie de M. de Favanne, peintre ordinaire du Roy, et recteur de l'Académie royale de Peinture et de Sculpture. » — Publié à Paris, 1753, in-12. — 15 pages.

II. Autre exemplaire. — 24 pages.

III. « Faits qui semblent pouvoir figurer dans la vie de Henri de Favanne, recteur de l'Académie, par M. Hulst. » — Publiés dans les *Mémoires inédits...*, tome II, p. 238. — 4 pages.

XVIIIe siècle. Papier. 370 sur 245 millim. Cartonné. (Ancien no 69.)

83. Notice sur Jacques-Philippe Ferrand, peintre.

XVIIIe siècle. Papier. 3 pages. 385 sur 250 millim. Cartonné. (Ancien no 70.)

84. I. « Essai sur la vie de M. de La Fosse. » — 22 pages.

II. « Vie de Charles de La Fosse. » — Publiée dans les *Mémoires inédits...*, tome II, p. 1. — 10 pages.

XVIIIe siècle. Papier. 265 sur 185 millim. Cartonné. (Ancien no 71.)

85. « Vie de M. Frémin, par le chevalier de Valory. » — Publiée dans les *Mémoires inédits...*, tome II, p. 1.

XVIIIe siècle. Papier. 16 pages. 310 sur 200 millim. Cartonné. (Ancien no 72.)

86. « Vie de M. Galloche, peintre et chancelier de l'Académie royale de Peinture et de Sculpture, par M. Gougenot, honoraire, associé libre, lue à l'Académie de Peinture et de Sculpture le 4 juillet 1767 », suivie du « Catalogue des ouvrages de M. Galloche, peintre, etc... » — Publiée dans les *Mémoires inédits*..., tome II, p. 289 ; extraits dans Jouin, *Conférences*..., p. 404.

XVIIIe siècle. Papier. 20 pages. 315 sur 205 millim. Cartonné. (Ancien n° 73.)

87. I. « Mémoire sur la vie et sur les ouvrages de Monsieur Girardon. Ce mémoire est de la main de Grosley de l'Académie des Inscriptions. Elle (*sic*) était adressée à M. Lépicié. » — Publié dans les *Mémoires inédits*..., tome Ier, p. 291. — 12 pages.

II. « Discours sur la vie de M. Girardon, écrite par Monsieur le comte de Caylus, et lue à l'Académie [royale de Sculpture et de Peinture] le 2 mai 1750. » — 4 pages.

XVIIIe siècle. Papier. 320 sur 205 millim. Cartonné. (Ancien n° 74.)

88. I. « Mémoire historique des principaux ouvrages de sculpture de M. Guérin, conseiller, professeur de l'Académie royale de Peinture et de Sculpture. Lû à l'Académie le samedy 7 juillet 1691 », par M. Guillet de Saint-Georges. — Publié dans les *Mémoires inédits*..., tome Ier, p. 259. — 7 pages.

II. Brouillon du même mémoire. — 7 pages.

XVIIe siècle. Papier. 225 sur 165 millim. Cartonné. (Ancien n° 75.)

89. I. « Mémoire historique des principaux ouvrages de sculpture de M. Guillain, un des douze Anciens ou professeurs dans le temps de l'institution de l'Académie royalle de Peinture et de Sculpture. Lû à l'Académie le samedy 4 aoust 1691 », par Guillet de Saint-Georges. (Minute du mémoire consacré par Guillet à Guillain dans le manuscrit 59.) — 8 pages.

II. Deux autres brouillons — 7 et 4 pages.

XVIIe siècle. Papier. 235 sur 170 millim. Cartonné. (Ancien n° 76.)

90. Notices sur Mr Hans, peintre, et sur M. Guillain, sculpteur.

XVIIe siècle. Papier. 1 et 8 pages. 285 sur 190 millim. Cartonné. (Ancien n° 77.)

91. Notes sur Antoine Houasse.

XVIIIe siècle. Papier. 1 page. 345 sur 225 millim. Cartonné. (Ancien n° 78.)

92. I. « Vie de M. Jouvenet. (Ce mémoire est la minute du suivant.) — 18 pages.

II. « Essai sur la vie de M. Jouvenet. » — Publié dans les *Mémoires inédits*..., tome II, p. 23. — 22 pages.

XVIIIe siècle. Papier. 265 sur 175 millim. Cartonné. (Ancien n° 79.)

93. « Notice sur feu M. François Ladatte, sculpteur-pensionnaire du Roi. » — Publiée dans les *Mémoires inédits*..., tome II, p. 449.

XVIIIe siècle. Papier. 2 pages. 245 sur 180 millim. Cartonné. (Ancien n° 80.)

94. Vie de Laurent de La Hire, peintre d'histoire.

Ce mémoire est une reproduction légèrement arrangée du mémoire consacré par Guillet de Saint-Georges à La Hire dans le manuscrit 59.

XVIIIe siècle. Papier. 4 pages. 245 sur 185 millim. Cartonné. (Ancien n° 81.)

95. I. « Mémoire sur les ouvrages de M. Lebrun. » — Publié dans les *Mémoires inédits*..., tome Ier, p. 49. — 44 pages.

II. « Canevas pour la vie de Monsieur Le Brun, » par Hulst. — 22 pages.

III. « Vie de M. Lebrun. Lù à l'Académie [royale de Peinture et de Sculpture], le 4e août 1741 », par Lépicié. — 32 pages.

IV. « Mémoire historique des principaux ouvrages de Charles Le Brun, escuyer, sieur de Théonville, premier peintre du Roy, directeur des manufactures royales des meubles de la couronne aux Gobelins, directeur, chancelier et recteur de l'Académie royalle de Peinture et de Sculpture. » Attribué par les éditeurs des *Mémoires inédits*... à Guillet de Saint-Georges. — Publié dans les *Mémoires inédits*..., tome Ier, p. 3. — 72 pages.

V. « Discours sur la vie de Monsieur Le Brun, premier peintre du Roy, écrite par Monsieur Desportes. » — Publié dans les *Vies des premiers peintres du Roi,* par Lépicié (Paris, 1752). — 6 pages.

XVIIe et XVIIIe siècles. Papier. 325 sur 205 millim. Cartonné. (Ancien no 82.)

96. Notice sur Claude Lefebvre. — Publiée dans les *Mémoires inédits...,* tome Ier, p. 402.

XVIIe siècle. Papier. 5 pages. 245 sur 185 millim. Cartonné. (Ancien no 83.)

97. « Mémoire historique des principaux ouvrages de sculpture de Mr Le Gendre, adjoint à professeur de l'Académie royalle de Peinture et de Sculpture », par Guillet de Saint-Georges. — Publié dans les *Mémoires inédits...,* tome Ier, p. 408.

XVIIe siècle. Papier. 8 pages. 230 sur 175 millim. Cartonné. (Ancien no 84.)

98. I. « Mémoire historique des ouvrages de Mr Le Hongre, sculpteur et adjoint à recteur de l'Académie royalle de Peinture et de Sculpture. » — 14 pages.

II. « Discours sur le morceau de réception de Le Hongre. » — 2 pages.

Ces deux travaux sont l'œuvre de Guillet de Saint-Georges, ils ont été publiés dans les *Mémoires inédits...,* tome Ier, p. 365 et suiv.

XVIIe siècle. Papier. 220 sur 160 millim. Cartonné. (Ancien no 85.)

99. Notice sur la vie de Robert Le Lorrain, sculpteur. — Lettre adressée par J.-B. Lemoine à l'abbé Le Lorrain. — Publié dans les *Mémoires inédits...,* tome II, p. 228.

XVIIIe siècle. Papier. 5 pages. 240 sur 185 millim. Cartonné. (Ancien no 86.)

100. I. « Mémoire historique des principaux ouvrages de sculpture de Mr Leramberg, adjoint à professeur de l'Académie royalle de Peinture et de Sculpture. Lû à l'Académie, le samedy 7 mars 1693 », par Guillet de Saint-Georges. — Publié dans les *Mémoires inédits...,* tome Ier, p. 330. — 7 pages.

II. Trois brouillons du même mémoire, chacun de 4 pages.

XVIII⁰ siècle. Papier. 225 sur 175 millim. Cartonné. (Ancien n° 87.)

101. I. « Vie d'Eustache Le Sueur, » par le comte de Caylus. — 26 pages.

II. « M. Le Sueur, peintre. Lû à l'assemblée du 7 octobre 1741. Lû à l'assemblée du 8⁰ juin 1743 », par M. Lépicié. — 16 pages.

III. « Mémoire historique des ouvrages de Mʳ Le Sueur, peintre et l'un des douze Anciens de l'Académie [royale de Peinture et de Sculpture]. Lû à l'Académie le samedy 5 aoust 1690 », par Guillet de Saint-Georges. — Publié dans les *Mémoires inédits...*, tome Iᵉʳ, p. 147. — 15 pages.

IV. Brouillon du précédent. — 12 pages.

V. Commencement de copie du précédent. — 14 pages.

VI. « Monsieur le Sueur, peintre », copie du Mémoire de Guillet. — 22 pages.

VII. « Monsieur le Sueur, peintre », copie du mémoire précédent, suivie du « Mémoire historique des principaux ouvrages de Mʳ Nocret le père », et de M. Vignon le père, conselier professeur de l'Académie royale de Sculpture et de Peinture. » (Cf. le manuscrit 59.) — 24 pages.

VIII. Réponse de Coypel. — 2 pages.

XVII⁰ et XVIII⁰ siècles. Papier. 315 sur 205 millim. Cartonné. (Ancien n° 88.)

102. I. « Mémoire historique des principaux ouvrages de peinture de Mʳ Lichéry, adjoint à professeur de l'Académie royalle de Peinture et de Sculpture. Lû à l'Académie le 5 juillet 1692 », par Guillet de Saint-Georges. — Publié dans les *Mémoires inédits...*, tome II, p. 61. — 10 pages.

II. Brouillon du précédent. — 9 pages.

XVII⁰ siècle. Papier. 220 sur 175 millim. Cartonné. (Ancien n° 89.)

103. « Mʳ Loir », par Guillet de Saint-Georges. — Publié dans les *Mémoires inédits...*, tome Iᵉʳ, p. 337.

XVII⁰ siècle. Papier. 4 pages. 230 sur 170 millim. Cartonné. (Ancien n° 90.)

104. I. « Vie de M[r] le Lorrain, sculpteur, recteur de l'Académie royale de Peinture et de Sculpture, par M. Gougenot, associé libre. Lûe à l'Académie royale de Peinture et de Sculpture le 5 décembre 1761. » Suivie du catalogue de ses ouvrages. — Publiée dans les *Mémoires inédits...*, tome II, p. 210. — 17 pages.

II. « Vie de M. Le Lorrain, sculpteur, écrit par son fils, docteur en Sorbonne. Lûe le 5 octobre 1748. » — 11 pages.

III. « Description des ouvrages de sculpture que feu M. Le Lorrain, recteur de l'Académie royale de Peinture et de Sculpture, a fait au château de Saverne, en 1717 jusqu'en 1723, et au palais épiscopal de Strasbourg, en 1735, 1736 et 1737. » — 3 pages.

IV. Double de la description précédente. On a ajouté au titre « Ouvrages dignes d'être admirés, et d'honnorer la mémoire de ce grand homme ». — 6 pages.

XVIIIe siècle. Papier. 320 sur 205 millim. Cartonné. (Ancien n° 91.)

105. « Mémoire historique des principaux ouvrages de Mr Magnier le père », par Guillet de Saint-Georges. — Publié dans les *Mémoires inédits...*, tome Ier, p. 415.

XVIIe siècle. Papier. 4 pages. 310 sur 195 millim. Cartonné. (Ancien n° 92.)

106. Lettre sur le graveur Le Masson.

XVIIIe siècle. Papier. 4 pages. 240 sur 185 millim. Cartonné. (Ancien n° 93.)

107. « M. Mignard. Lu à l'assemblée du 3 août 1743 », par Lépicié. — Publié dans les *Mémoires inédits...*, tome II, p. 86.

XVIIIe siècle. Papier. 32 pages. 275 sur 185 millim. Cartonné. (Ancien n° 94.)

108. Notice sur Monier, peintre d'histoire, par Hulst. — Publiée dans les *Mémoires inédits...*, tome II, page 9.

XVIIIe siècle. Papier. 2 pages. 310 sur 200 millim. Cartonné. (Ancien n° 95.)

109. « Abrégé de la vie de M. Nattier, peintre et professeur de l'Académie royale de Peinture et de Sculpture, par sa fille Mlle Nattier l'aînée, épouse de M. Tocqué. » Publié dans les *Mémoires inédits...*, tome II, p. 348.)

XVIII° siècle. Papier. 320 sur 200 millim. Cartonné. (Ancien n° 96.)

110. « Vie de M. Nocret le père. » — Cette notice est la copie du mémoire consacré par Guillet de Saint-Georges à Nocret dans le manuscrit 59.

XVII° siècle. Papier. 4 pages. 265 sur 180 millim. Cartonné. (Ancien n° 97.)

111. I. « Mémoire historique des principaux ouvrages de sculpture de M. Van Opstal, qui a esté un des douze Anciens, qui ont jetté les fondemens de l'Académie royalle de Peinture et de Sculpture. Lû à l'Académie, le samedy 2 aoust 1692 », par Guillet de Saint-Georges. — 8 pages. — Publié dans les *Mémoires inédits...*, tome I, p. 174.

II. Brouillon de ce même mémoire. — 5 pages.

III. « Vie de Gérard Van Obstal, sculpteur, par M. le comte de Caylus. » — 5 pages.

IV. « Vie de Corneille Van Clève, sculpteur, » par le même. — Publié dans les *Mémoires inédits...*, tome II, p. 73. — 26 pages.

V. « Réponse à Monsieur le comte de Caylus sur les vies de MM. Van Obstal et Van Clève, prononcées à l'Académie royale de Peinture et de Sculpture le 3 octobre 1750. » — 2 pages.

V. « Notice sur M. Van Obstal, sculpteur. » — 2 pages.

XVII° et XVIII° siècles. Papier. 315 sur 205 millim. Cartonné. (Ancien n° 98.)

112. « Vie de M. Oudry, peintre et professeur de l'Académie royale de Peinture et de Sculpture, par M. Gougenot, associé libre. Lû à l'Académie royale de Peinture et de Sculpture le 10 janvier 1761. » — Publié dans les *Mémoires inédits...*, tome II, p. 365.

XVIII° siècle. Papier. 38 pages. 310 sur 200 millim. Cartonné (Ancien n° 99.)

113. I. « Essay sur la vie de Charles Parrocel, peintre de batailles, » par Charles-Nicolas Cochin. — Publié dans les *Mémoires inédits...*, tome II, p. 404. — 33 pages.

II. Brouillon de ce mémoire. — 24 pages.

III. Vie de Joseph Parrocel. — Publiée dans les *Mémoires inédits...*, tome II, p. 40. — 3 pages.

IV. Imitation du précédent mémoire. — 4 pages.

V. Notices sur Charles et Joseph Parrocel. — 4 pages.

XVIIIe siècle. Papier. 320 sur 200 millim. Cartonné. (Ancien n° 100.)

114. I. « Mémoire historique des principaux ouvrages de peinture de M. Perrier, qui a esté un des douze Anciens ou professeurs qui ont jetté les fondemens de l'Académie royalle de Peinture et de Sculpture », par Guillet de Saint-Georges. — Publié dans les *Mémoires inédits...*, tome I, p. 127. — 7 pages.

II. « Réponse à Monsieur le comte de Caylus sur la vie de feu M. Perrier, peintre, prononcé à l'Académie royale de Peinture, le 8 mai 1751. » — 4 et 5 pages. (2 exemplaires.)

XVIIe et XVIIIe siècles. Papier. 320 sur 205 millim. Cartonné. (Ancien n° 101.)

115. Notes sur Nicolas de Plate Montagne. — Publiées dans les *Mémoires inédits...*, tome I, p. 350.

XVIIe siècle. Papier. 350 sur 235 millim. Cartonné. (Ancien n° 102.)

116. I. « Mémoire historique des principaux ouvrages de sculpture de M. Poissan, conseiller et adjoint à professeur dans l'Académie royalle de Peinture et de Sculpture. Lû à l'Académie le samedy 16 juin 1691 », par Guillet de Saint-Georges. La minute de la notice consacrée à Poissan se trouve dans le manuscrit 59. — 7 pages.

II. « Thibaut Poissant, sculpteur. » — 10 pages.

III. Lettre « à Monsieur de Saint-Georges, à l'Académie royale, à Paris. » — 4 pages.

IV. Notes sur les travaux de Thibaut Poissant, en partie de la main de Guillet de Saint-Georges. — 11 pages.

XVIIe et XVIIIe siècles. Papier. 310 sur 190 millim. Cartonné. (Ancien n° 103.)

117. I. « La vie de M. Rigaud », par Hulst. — Publiée dans les *Mémoires inédits...*, tome II, p. 126. — 12 pages.

II. « Abrégé de la vie de Hyacinte Rigaud, escuier, citoen noble de la ville de Perpignan, peintre du Roy, professeur de son Académie de Peinture et de Sculpture, à Paris, 1716. » Attribué à Rigaud lui-même. Publié dans les *Mémoires inédits...*, tome II, p. 114. — 18 pages.

III. « État général des portraits et autres tableaux sortis du pinceau de l'illustre M. Rigaud pendant les soixante deux années qu'il a exercé son art à Paris », par Hulst. — Publié dans les *Mémoires inédits...*, tome II, p. 142 — 46 pages.

IV. « Catalogue de l'œuvre gravé du Sr Hyacinthe Rigaud, rangé selon l'ordre des tems qu'ont été faits les tableaux, d'après lesquels les estampes qui composent cet œuvre ont été gravées, avec les noms du graveur de chacune, l'année qu'elle a été produite, et les autres éclaircissemens nécessaires », par Hulst. — Publié dans les *Mémoires inédits...*, tome II, p. 169. — Deux exemplaires, 34 et 27 pages.

V. « Titres pour M. Rigaud, lorsque le roi l'honora de l'Ordre de Saint-Michel. » — 1 page.

VI. Lettres diverses adressées à Rigaud par Louis XIV, les consuls de Perpignan, l'Académie..., copiées par M. Hulst. — Publiées dans les *Mémoires inédits...*, tome II, p. 133. — 36 pages.

XVIIIe siècle. Papier. 390 sur 240 millim. Cartonné. (Ancien n° 104.)

118. « Éloge de M. Santerre, peintre, fait par un de ses amis particuliers, curieux d'ailleurs et bon connoisseur, et inséré dans le *Mercure* du mois de décembre 1717. »

XVIIIe siècle. Papier. 10 pages. 225 sur 180 millim. Cartonné. (Ancien n° 105.)

119. I. « La vie de Jacques Sarazin, sculpteur », par le comte de Caylus. — 22 pages.

II. « Réponse à l'Avant-propos de la vie de M. Sarazin, écrite par Monsieur le comte de Caylus. » — 5 pages.

III. « Mémoires historiques des principaux ouvrages de M. Sarazin, recteur de l'Académie royale de Peinture et de Sculpture. Lû à l'Académie le samedy 3 décembre 1689. Lû à l'Académie par M. Guérin le samedy 2 juin 1703 », par Guillet de Saint-Georges. Brouillon du mémoire consacré à Sarrazin dans le manuscrit 59. — 8 pages.

IV. Autre copie du même mémoire. — 11 pages.

V. « Extrait des registres de l'Académie. Jacques Sarrazin, sculpteur », par Hulst. — 2 pages.

VI. Notice sur Sarrazin. — 1 page.

VII. Trois autres brouillons du mémoire de Guillet. — 6 pages chacun.

VIII. « De Monsieur Sarrazin, sculpteur et peintre, recteur de l'Académie royalle », suivi de notices sur Thibaut Poissan, Gaspar et Baltasar Marcy, Luca Giordano, Laurent de La Hire, Audran, Guillain, Vignon. — Copie du mémoire de Saint-Georges sur ces différents artistes dans le manuscrit 59. — 43 pages.

> XVIIe et XVIIIe siècles. Papier. 315 sur 215 millim. Cartonné. (Ancien n° 106.)

120. Notes sur François Tavernier. — Publiées dans les *Mémoires inédits...*, tome II, p. 236.

> XVIIIe siècle. Papier. 2 pages. 345 sur 225 millim. Cartonné. (Ancien n° 107.)

121. I. « Mémoire historique des principaux ouvrages de peinture de Louis Testelin, l'un des dix Académiciens, qui, avec les douze Anciens ou professeurs, ont jetté les fondemens de l'Académie royalle de Peinture et de Sculpture. Lû le samedy 3 may 1692 », par Guillet de Saint-Georges. — Publié dans les *Mémoires inédits...*, tome I, p. 216. — 8 pages.

II. Brouillon du précédent. — 9 pages.

III. Notes sur Louis Testelin et Lebrun. — 4 pages.

> XVIIe siècle. Papier. 345 sur 235 millim. Cartonné. (Ancien n° 108.)

122. I. « Vie de Pierre-Charles Trémollière, par M. le comte de Caylus. » — Publiée dans les *Mémoires inédits...*, tome II, p. 442. — 16 pages.

II. « Réponse à la vie de M. Trémolières, écrite par le comte de Caylus. » — 5 pages.

III. Un second exemplaire. — 5 pages.

IV. Notice sur Trémolières. — 1 page.

> XVIIIe siècle. Papier. 320 sur 210 millim. Cartonné. (Ancien n° 109.)

123. I. « Vie de Jean-François de Troy, par le chevalier de Valory. » — Publiée dans les *Mémoires inédits...*, tome II, p. 255. — 23 pages.

II. « Extrait de la vie de M. de Troy, peintre du Roy et directeur de son Académie de Rome. » Abrégé du travail précédent. — Publié dans les *Mémoires inédits...*, tome II, p. 274. — 12 pages.

III. « Remarques pour servir de suplément à la vie de M. de Troy, écuyer, chevalier de l'Ordre de Saint-Michel, secrétaire du Roy, ancien directeur de l'Académie royale de France à Rome, ancien recteur de l'Académie royale de France et ancien prince de celle de Saint-Luc de Rome, par M. Caffieri. Lûes à l'Académie royale de Peinture et de Sculpture le samedy 2 octobre 1762. » — Publiées dans les *Mémoires inédits...*, tome II, p. 281. — 18 pages.

IV. Un second exemplaire du précédent mémoire. — 8 pages.

V. « Éloge de François de Troy [le père], en stile lapidaire, par M. Hulst. » — 1 page. — Autre copie de cet éloge. — 2 pages.

> XVIIIe siècle. Papier. 315 sur 200 millim. Cartonné. (Ancien n° 110.)

124. I. « Vie de Pierre d'Ulin », par Hulst. — Publiée dans les *Mémoires inédits...*, tome II, p. 250. — 3 pages.

II. Brouillon de la main de l'auteur. — 3 pages.

> XVIIIe siècle. Papier. 325 sur 210 millim. Cartonné. (Ancien n° 111.)

125. « Vie de Guillaume Vallet le père. » —Publiée dans les *Mémoires inédits...*, tome I, p. 406.

> XVIIIe siècle. Papier. 2 pages. 350 sur 205 millim. Cartonné. (Ancien n° 112.)

126. « Mémoire historique des principaux ouvrages de M. Vignon le père, conseiller professeur de l'Académie royalle de Peinture et de Sculpture. Lû à l'Académie, le samedy 2 décembre 1699 », par Guillet de Saint-Georges. (Brouillon du mémoire du manuscrit 59.)

> XVIIe siècle. Papier. 12 pages. 225 sur 170 millim. Cartonné (Ancien n° 113.)

127. I. « Nicolas Vleughels, peintre d'histoire. » — 1 page.

II. « Mémoire de Philippe Vleughels », adressé par son fils à M. de Saint-Gelais. — Publié dans les *Mémoires inédits...*, tome Ier, p. 354. — 9 pages.

III. « M. Vleughels, le père de celui qui est mort directeur à Rome »,
par Dubois de Saint-Gelais. — 8 pages.

> XVIIe et XVIIIe siècles. Papier. 305 sur 215 millim. Cartonné. (Ancien n° 114.)

128. « Réponse au discours de M. le comte de Caylus sur la vie de Watteau. »

> XVIIIe siècle. Papier. 4 pages. 320 sur 210 millim. Cartonné. (Ancien n° 115.)

129. Notices biographiques sur Noël-Nicolas Coypel, 1 page; — Antoine Pesne, 2 pages; — François Verdier, 1 page.

II. Vies et notices diverses sur Jean Guillaume Baur, 6 pages; — Samuel Bernard, 1 page; — de Buister, 1 page; — Annibal Carrache, 1 page; — J. d'Egmont, 1 page; — Fusely, peintre, 4 pages; — Gérard de Lairesse, par Hulst, 19 pages, avec deux autres copies de 24 et 18 pages; — Abraham Mignon, par Lépicié, 3 pages.

III. « Notice sur un bas-relief de M. Prou », par Guillet de Saint-Georges, 5 pages; — Vie de Gérard Terburg, 2 pages; — Vie du Titien, 1 page.

> XVIIe et XVIIIe siècles. Papier. 350 sur 230 millim. Cartonné. (Ancien n° 115 *bis*.)

130-258. — Conférences des Académiciens sur divers sujets (1).

150. « Conférence sur l'expression des passions, » par Charles Lebrun. [Publiée en 1667.]

> XVIIe siècle. Papier. 10 pages. 340 sur 205 millim. Cartonné. (Ancien n° 116.)

131. I. Extraits de la conférence faite par Philippe de Champaigne sur le tableau du Poussin, Eliézer et Rébecca. Ces extraits sont de Guillet de Saint-Georges. — Publiés dans les *Mémoires inédits...*, t. I,

---

(1) Une partie de ces conférences a été publiée par FÉLIBIEN, les *Conférences de l'Académie de Peinture et de Sculpture pendant l'année* 1667 (Paris, 1669, in-4°); une autre par COYPEL, *Discours prononcez dans les Conférences de l'Académie royale de Peinture et de Sculpture* (Paris, 1721, in-4°); quelques-uns ont paru dans les *Mémoires inédits...*; enfin une édition plus complète en a été donnée par M. JOUIN, *Conférences de l'Académie royale de Peinture et de Sculpture* (Paris, 1883, in-8°).

p. 245, et dans Jouin, *Conférences...*, p. 87. — 2 exemplaires, de
10 pages chacun.

II. « Conférence du samedi 10 d'octobre 1682 », sur le tableau de
Rébecca du Poussin. — 16 pages.

XVIIe siècle. Papier. 320 sur 200 millim. Cartonné. (Ancien
n° 117.)

152. I. Conférence sur le Déluge du Poussin, par M. Loir. —
3 pages.

II. Remarques sur cette conférence, par Guillet de Saint-Georges.
— 2 pages.

III. « Remarques sur le discours que M. Loir, adjoint à recteur de
l'Académie [royale de Peinture et de Sculpture], fit dans une assemblée
pour les conférences touchant un tableau de M. Poussin, représentant
le Déluge. Lûes à l'Académie, le samedy 3 juillet 1694 », par Guillet
de Saint-Georges. — Publiées dans les *Mémoires inédits...*, t. I, p. 342,
et dans Jouin, *Conférences...*, p. 100. — 4 pages.

IV. Brouillon. — 4 pages.

XVIIe siècle. Papier. 330 sur 215 millim. Cartonné. (Ancien
n° 118.)

153. I. Remarques de Jean Nocret sur le portrait du marquis |de
Vasto du Titien. — 4 pages.

II. Extrait des mêmes. — 3 pages.

XVIIe siècle. Papier. 360 sur 250 millim. Cartonné. (Ancien
n° 119.)

154. I. Remarques de M. de Champagne sur un tableau de Raphaël
représentant l'enfant Jésus, la Vierge, sainte Elisabeth et saint Jean.
Lûes le 2 mars 1669. — 4 pages.

II. Extrait des mêmes. — 4 pages.

XVIIe siècle. Papier. 360 sur 235 millim. Cartonné. (Ancien
n° 120.)

155. I. « Discours de M. Nocret sur un tableau de Rafaël, qui
représente l'enfant Jésus, la Vierge et saint Jean. Prononcé le 4 avril
1669. » — 10 pages.

II. Extrait du même. — 2 pages.

XVIIe siècle. Papier. 360 sur 245 millim. Cartonné. (Ancien n° 121.)

136. I. « Conférence du samedy neufieme novembre 1669, sur l'Hercule du Palais Farnèse », par Anguier. — 34 pages.

II. Un second exemplaire. — 24 pages.

III. Extrait par Guillet de Saint-Georges. — 10 pages.

XVIIe siècle. Papier. 345 sur 220 millim. Cartonné. (Ancien n° 122.)

137. I. Discours de M. de Marsy sur le torse, prononcé au mois de décembre 1669.

II. Deux extraits du discours de M. de Marsy. — 1 et 3 pages.

XVIIe siècle. Papier. 365 sur 245 millim. Cartonné. (Ancien n° 123.)

138. I. Critique du « Discours de M. de Champagne (le neveu) sur l'Arche d'alliance, représentée par M. Poussin dans le tableau qu'on appelle vulgairement la Peste » (mars 1670), par Guillet de Saint-Georges. — 7 pages.

II. Deux extraits du discours de M. de Champagne. — 2 et 3 pages.

XVIIe siècle. Papier. 245 sur 180 millim. Cartonné. (Ancien n° 124.)

139. I. Conférence de Boullogne sur le tableau du Titien représentant la Vierge, l'enfant Jésus et sainte Catherine, le samedi 1er avril 1670. — 10 pages.

II. Critique de cette conférence par Guillet de Saint-Georges. — 6 pages. (Brouillon ; cf. le manuscrit 161.)

XVIIe siècle. Papier. 280 sur 180 millim. Cartonné. (Ancien n° 125.)

140. Conférence de M. de Buyster sur le gladiateur.

XVIIe siècle. Papier. 2 pages. 365 sur 260 millim. Cartonné. (Ancien n° 126.)

141. Conférence de Loyr sur un tableau d'Annibal Carrache, le martyre de saint Étienne, le 4 mai 1670.

XVIIe siècle. Papier. 16 pages. 380 sur 235 millim. Cartonné. (Ancien n° 127.)

142. I. Conférence de M. de Champagne (l'oncle) sur les ombres, le 7 juin 1670. — 6 pages.

II. Extrait de la même. — 3 pages.

XVIIe siècle. Papier. 250 sur 190 millim. Cartonné. (Ancien n° 128.)

143. I. Conférence par M. Bourdon sur les proportions de la figure humaine, expliquées sur l'antique, le 5 juillet 1670. — 3 pages.

II. Extraits de la même. — 2 pages.

XVIIe siècle. Papier. 335 sur 225 millim. Cartonné. (Ancien n° 129.)

144. « Conférence sur le Laocoon et ses enfans, du deuxième aoust 1670 », par Anguier.

XVIIe siècle. Papier. 21 pages. 345 sur 220 millim. Cartonné (Ancien n° 130.)

145. Idée succincte d'ostéologie, par M. Quatroulx.

XVIIe siècle. Papier. 3 pages. 200 sur 140 millim. Cartonné. (Ancien n° 131.)

146. I. Conférence de Nocret sur le ravissement de saint Paul, du Poussin, 6 décembre 1670. — 10 pages.

II. « Le ravissement de saint Paul, par M. Poussin. » Mémoire sur la conférence de Nocret, par Guillet de Saint-Georges. — Publié dans les *Mémoires inédits...* tome I, p. 315, et dans Jouin, *Conférences,* p. 104. — 3 pages.

XVIIe siècle. Papier. 345 sur 215 millim. Cartonné. (Ancien n° 132.)

147. « Discours de M. Lebrun, sur le tableau du ravissement de saint Paul, du Poussin, 10 janvier 1671. »

XVIIe siècle. Papier. 350 sur 235 millim. Cartonné. (Ancien n° 134.)

148. I. « Conférence de Champagne (le neveu) sur le tableau du Poussin représentant la Saison d'été, sous le voile de l'histoire de Ruth suppliant Booz de pouvoir glaner dans son champ, le 2 mai 1671. » — 6 pages.

II. Extrait de la même conférence. — 2 pages.

XVIIe siècle. Papier. 250 sur 180 millim. Cartonné. (Ancien n° 134.)

149. I. Discours de Champagne (l'oncle) sur un tableau du Titien représentant la Vierge, l'enfant Jésus et saint Jean Baptiste. 12 juin 1671. — 16 pages.

II. Extrait du même. — 2 pages.

XVIIᵉ siècle. Papier. 250 sur 185 millim. Cartonné. (Ancien nᵒ 135.)

150. « Conférence sur l'union de l'art avec la nature. Du 4ᵉ juillet 1671 », par Anguier.

XVIIᵉ siècle. Papier. 48 pages. 345 sur 215 millim. Cartonné. (Ancien nᵒ 136.)

151. Du mouvement des figures, par Quatroulx, 4 septembre 1671.

XVIIᵉ siècle. Papier. 4 pages. 295 sur 200 millim. Cartonné. (Ancien nᵒ 137.)

152. « Conférence sur le mérite de la couleur, 7 novembre 1671 », par Blanchard.

XVIIᵉ siècle. Papier. 17 pages. 220 sur 170 millim. Cartonné. (Ancien nᵒ 138.)

153. I. Conférence de Nocret sur un tableau du Guide, représentant Notre Seigneur dans le jardin des Oliviers, 3 décembre 1671. — 8 pages.

II. Extrait de la même conférence. — 2 pages.

XVIIᵉ siècle. Papier. 345 sur 240 millim. Cartonné (Ancien nᵒ 139.)

154. Sentiments de Lebrun sur le discours du mérite de la couleur, qui fut lû à l'Académie royale de Peinture et de Sculpture, le 7 novembre 1671, par Blanchard.

XVIIᵉ siècle. Papier. 13 pages. 310 sur 205 millim. Cartonné. (Ancien nᵒ 140.)

155. Conférence de Champagne (le neveu) contre le discours fait par Blanchard sur le mérite de la couleur, 9 janvier 1672.

XVIIᵉ siècle. Papier. 5 pages. 230 sur 180 millim. Cartonné. (Ancien nᵒ 141.)

156. I. Conférence de Champagne (l'oncle) contre les copistes des manières. 11 juin 1672. — 6 pages.

II. Extrait de cette conférence, par Guillet de Saint-Georges. — — 4 pages.

XVIIe siècle. Papier. 235 sur 175 millim. Cartonné. (Ancien n° 142.)

157. « Conférence, du 2e juillet 1672, sur le corps humain représenté comme une forte citadelle, » par Anguier. — 30 pages.

II. « Conférence, du troisième septembre 1672, sur une méthode particulière qu'il faut tenir pour faire une figure anatomique de sculpture, et comme il convient s'en servir pour la facilité du dessein », par Anguier. — 8 pages.

XVIIe siècle. Papier. 350 sur 220 millim. Cartonné. (Ancien n° 143.)

158. « Conférence, du 6e jour d'aoust 1672, sur l'anatomie, pour bien cognoistre les mouvemens et repos des muscles », par Anguier.

XVIIe siècle. Papier. 29 pages. 355 sur 220 millim. Cartonné. (Ancien n° 144.)

159. « Conférence du premier jour d'octobre 1672. De l'action du muscle et de ses parties agittées par le commandement de la volonté », par Anguier.

XVIIe siècle. Papier. 13 pages. 350 sur 220 millim. Cartonné. (Ancien n° 145.)

160. « Recueil sommaire des leçons anatomiques données aux élèves de l'Académie royale de Peinture et Sculpture, sous le quartier du rectorat de Monsieur Le Brun, de l'année 1673, par le sieur Friquet. »

XVIIe siècle. Papier. 4 pages et 4 dessins. 375 sur 245 millim. Cartonné. (Ancien n° 145 *bis*.)

161. I. « Conférence de Regnaudin sur le Bacchus antique. » 5 janvier 1674. — 6 pages.

II. « Discours de Mr Renaudin sur le Bacchus antique », par Guillet de Saint-Georges. — 5 pages.

III. Extrait du même. — 2 pages.

XVIIe siècle. Papier. 340 sur 220 millim. Cartonné. (Ancien n° 146.)

162. I. Conférence de Champagne (le neveu) sur les Bacchanales du Poussin. 3 mars 1674. — 4 pages.

II. Extrait de la même conférence. — 1 page.

XVIIe siècle. Papier. 245 sur 185 millim. Cartonné. (Ancien n° 147.)

163. I. Conférence de Champagne (l'oncle) sur l'enlèvement de Déjanire, du Guide. 26 mai 1674. — 3 pages.

II. Extrait de la même conférence. — 2 pages.

XVIIe siècle. Papier. 250 sur 185 millim. Cartonné. (Ancien n° 148.)

164. I. Conférence de Paillet sur la composition et le clair-obscur. 1674. — 20 pages.

II. Extrait de la même conférence. — 9 pages.

XVIIe siècle. Papier. 370 sur 240 millim. Cartonné. (Ancien n° 149.)

165. Discours d'Anguier sur l'expression de la colère. 7 septembre 1673.

XVIIe siècle. Papier. 3 pages. 315 sur 215 millim. Cartonné. (Ancien n° 150.)

166. I. Discours de Regnaudin sur la Vénus de Médicis. Janvier 1676. — 5 pages.

II. Extrait du même discours. — 4 pages.

XVIIe siècle. Papier. 300 sur 200 millim. Cartonné. (Ancien n° 151.)

167. I. « Pour l'ouverture de la conférence sur le mouvement des muscles de la figure du Laocoon, faite par Agésandre, athénien », par M. Monier. 2 mai 1673. — 15 pages.

II. Extrait du même. — 27 pages.

XVIIe siècle. Papier. 375 sur 240 millim. Cartonné. (Ancien n° 152.)

168. « Conférence du premier jour d'aoust 1676. Comme il faut représenter les divinités selon leurs tempéraments », par Anguier.

XVIIe siècle. Papier. 340 sur 220 millim. Cartonné. (Ancien n° 153.)

169. I. Conférence de Champagne (le neveu) sur les pèlerins d'Emmaüs du Titien. Octobre 1676. — 8 pages.

II. Extrait de la même conférence. — 3 pages.

XVIIe siècle. Papier. 220 sur 185 millim. Cartonné. (Ancien n° 154.)

170. Sur la pratique-théorie et la théorie pratique des arts, par Marsy. 1676.

XVIIe siècle. Papier. 2 pages. 350 sur 215 millim. Cartonné. (Ancien n° 155.)

171. Conférence de Regnaudin sur le Gladiateur. 6 février 1677.

XVIIe siècle. Papier. 13 pages. 320 sur 230 millim. Cartonné. (Ancien n° 156.)

172. Conférence de Sève (le puîné) sur un ouvrage intitulé : Conversations sur la couleur, 6 mars 1677.

XVIIe siècle. Papier. 7 pages. 335 sur 235 millim. Cartonné. (Ancien n° 157.)

173. Conférence de Champagne (le neveu) sur la Madeleine du Guide. 11 avril 1677.

XVIIe siècle. Papier. 7 pages. 260 sur 160 millim. Cartonné. (Ancien n° 158.)

174. Conférence d'Anguier sur le grand goût du dessin. 2 octobre 1677.

XVIIe siècle. Papier. 13 pages. 350 sur 220 millim. Cartonné. (Ancien n° 159.)

175. Conférence de Coypel sur le discernement à faire du génie des étudians, et sur la manière de prononcer les ombres, 4 octobre 1681.

XVIIe siècle. Papier. 8 pages. 315 sur 220 millim. Cartonné. (Ancien n° 160.)

176. « L'enfant Jésus, la Vierge et sainte Catherine du Titien, 7 août 1683 », par Guillet de Saint-Georges. Résumé d'une conférence de Louis Boulogne. — Publié dans les *Mémoires inédits*, tome Ier, p. 205, et dans Jouin, *Conférences*..., p. 207.

XVIIe siècle. Papier. 8 pages. 240 sur 180 millim. Cartonné. (Ancien n° 161.)

177. « Pour l'ouverture de la conférence au sujet des ombres »,
par Monier.

XVIIe siècle. Papier. 14 pages et 3 planches. 340 sur 220 millim.
Cartonné. (Ancien n° 162.)

178. Discours sur le portement de croix de Le Brun, par Guillet
de Saint-Georges.

XVIIe siècle. Papier. 10 pages. 295 sur 215 millim. Cartonné. (Ancien n° 162 *bis*.)

179. I. « Discours sur un tableau de la Charité romaine, fait de la
main de Mr Bologne le père. Lû le samedy 5 octobre 1686, par Guillet
de Saint-Georges. — Publié dans les *Mémoires inédits...*, tome Ier,
p. 211. — 2 pages.

II. « Discours sur un bas-relief de la Charité romaine, que M. Cornu
a donné pour sa réception le 5 juillet 1681. Lû le 5 octobre 1686 »,
par Guillet de Saint-Georges. — Publié dans les *Mémoires inédits...*,
tome Ier, p. 214. Cf. n° 62. — 2 pages.

XVIIe siècle. Papier. 225 sur 165 millim. Cartonné. (Ancien n° 163.)

180. « Conférence faite en l'Académie royalle de Peinture et Sculpture de Paris, par Mr de Pilles sur le vrai de la peinture, le samedi
7e mars 1705. » — Le titre est modifié ainsi à la p. 3 : « Du vrai dans
la peinture ».

XVIIIe siècle. Papier. 16 pages. 225 sur 175 millim. Cartonné. (Ancien n° 164.)

181. « Réflexion sur la peinture, par M. le comte de Caylus,
3 juin 1747. » — Publiée dans la *Revue libérale* (1883).

XVIIIe siècle. Papier. 12 pages. 250 sur 185 millim. Cartonné.
(Ancien n° 165.)

182. « Sur l'harmonie et sur la couleur, par M. le comte de Caylus,
4 novembre 1747. »

XVIIIe siècle. Papier. 19 pages. 255 sur 195 millim. Cartonné.
(Ancien n° 165 *bis*.)

183. I. « Observations sur les avantages des conférences académiques, 4 mai 1748 », par M. Desportes. — 18 pages.

II. « Réponse au discours de M. Desportes sur l'utilité des conférences. » — 3 pages.

XVIIIᵉ siècle. Papier. 310 sur 210 millim. Cartonné. (Ancien n° 166.)

184. I. « Définition de la poésie dans l'art de la peinture, par
M. Watelet, amateur, 8 juin 1748. » — 45 pages.

II. « Réponse au discours de M. Wattelet sur la poësie de la peinture. » — 5 pages.

XVIIIᵉ siècle. Papier. 315 sur 220 millim. Cartonné. (Ancien n° 167.)

185. I. « Sur les élèves et sur leurs devoirs. Lû à l'Académie le
4 janvier 1749, par M. Massé, conseiller de l'Académie [royale de Peinture et de Sculpture]. » — 51 pages.

II. Second exemplaire. — 27 pages.

III. « Réponse au discours de M. Massé sur les devoirs des élèves »,
par Coypel. — 3 pages.

XVIIIᵉ siècle. Papier. 320 sur 205 millim. Cartonné. (Ancien n° 168.)

186. I. « Réflexions sur la manière d'étudier la couleur en comparant les objets les uns aux autres (1ʳᵉ partie), par M. Oudry, professeur.
Lû à l'Académie [royale de Peinture et de Sculpture] le 7 juin 1749. »
— Publiées dans Jouin, *Conférences...*, p. 378, et dans le *Cabinet de
l'amateur et de l'antiquaire*, 1844, p. 33-52.

II. Page 30. Réponse de Coypel.

XVIIIᵉ siècle. Papier. 31 pages. 320 sur 205 millim. Cartonné.
(Ancien n° 169.)

187. I. « Réflexions diverses sur les arts de peinture et de sculpture,
et particulièrement sur la nécessité de bien connoître l'antique et
l'anatomie. Lû à l'Académie [royale de Peinture et de Sculpture], le
8 novembre 1749 », par M. Massé. — 47 pages.

II. Un second exemplaire. — 25 pages.

III. « Réponse au discours de M. Massé sur la nécessité de bien
connoître l'antique et l'anatomie. » — 7 pages.

XVIIIᵉ siècle. Papier. 315 sur 205 millim. Cartonné. (Ancien n° 170.)

188. « Réflexions sur l'art de peindre en le comparant à l'art de

bien dire, prononcées à l'Académie royale de Peinture et de Sculpture
en 1749, par M. Coypel. »

XVIII⁰ siècle. Papier. 64 pages. 230 sur 185 millim. Cartonné.
(Ancien n⁰ 171.)

189. I. « Réflexions sur la peinture et particulièrement sur le genre
du portrait, par M. Tocqué, conseiller de l'Académie. » Lûes le 7 mars
1750. — 19 pages.

II. Un second exemplaire. — 25 pages.

III. Réponse au discours de Tocqué. — 3 pages.

XVIII⁰ siècle. Papier. 365 sur 245 millim. Cartonné. (Ancien
n⁰ 172.)

190. « Troisième conférence par M. Massé, lûe à l'Académie [royale
de Peinture et de Sculpture] le 4 avril 1750. Il faut examiner et bien
connoître le genre de ses dispositions si l'on veut se déterminer solide-
ment sur le choix des talens différens que renferme la peinture. »

XVIII⁰ siècle. Papier. 32 pages. 310 sur 205 millim. Cartonné.
(Ancien n⁰ 173.)

191. « Réponse au discours de M. le comte de Caylus sur la composition, prononcée à l'Académie [royale de Peinture et de Sculpture]
le 5⁰ du mois de décembre 1750. »

XVIII⁰ siècle. Papier. 5 pages. 315 sur 205 millim. Cartonné. (Ancien n⁰ 173 *bis*.)

192. « Réponse au discours de M. Desportes sur la nécessité de
mettre des inscriptions au bas des tableaux, prononcé à l'Académie
royale de Peinture, le 6 février 1751. »

XVIII⁰ siècle. Papier. 4 pages. 315 sur 205 millim. Cartonné. (Ancien
n⁰ 173 *ter*.)

193. Deux conférences sur l'effet de la lumière, par Cochin.

I. La première lue le 4 mars 1752. — 22 pages.

II. La seconde. — 30 pages.

III. Un second exemplaire de cette dernière. — 27 pages.

XVIII⁰ siècle. Papier 320 sur 210 millim. Cartonné. (Ancien n⁰ 174.)

194. I. « Examen critique des ouvrages de peinture que Cochin a vus pendant son voyage en Italie, lû le 4 mars 1752. » — 16 pages.

II. « Réponse au discours de M. Cochin sur l'utilité du voyage en Italie. » — 7 pages.

XVIIIᵉ siècle. Papier. 320 sur 205 millim. Cartonné. (Ancien n° 175.)

195. « Discours sur les principes de la peinture, par M. Restout, peintre, recteur. Lûe pour la 1ʳᵉ fois le 8 novembre 1755. »

XVIIIᵉ siècle. Papier. 23 pages. 365 sur 240 millim. Cartonné. (Ancien n° 176.)

196. I. Brouillon du manuscrit précédent. — 31 pages.
II. Un second exemplaire du même manuscrit. — 24 pages.

XVIIIᵉ siècle. Papier. 360 sur 240 millim. Cartonné. (Ancien n° 177.)

197. « Discours sur les sentimens que les élèves doivent avoir d'eux-mêmes dans l'acquisition et l'exercice des talens. Lue à l'assemblée de l'Académie royale de Peinture et de Sculpture, le 2 octobre 1756, par Tardieu, académicien. »

XVIIIᵉ siècle. Papier. 10 pages. 325 sur 210 millim. Cartonné. (Ancien n° 178.)

198. « Discours sur l'harmonie de la couleur, lû à l'Académie [royale de Peinture et de Sculpture], le... 1756, par M. Restout, recteur. »

XVIIIᵉ siècle. Papier. 22 pages. 315 sur 210 millim. Cartonné. (Ancien n° 179.)

199. I. « Discours sur les dispositions nécessaires aux élèves pour réussir dans les talents, lû à l'Académie royale de Peinture et de Sculpture, le samedi 3 juillet 1756, par M. Tardieu, graveur, académicien. » — 18 pages.
II. Second exemplaire. — 12 pages.

XVIIIᵉ siècle. Papier. 320 sur 205 millim. Cartonné. (Ancien n° 180.)

200. Deux discours sur la peinture, lûs à la Société royale de Lyon, par Nonnotte, peintre du roi.

I. Discours du 29 octobre 1754. — 20 pages.

II. Discours du 12 août 1759. — 21 pages.

XVIIIe siècle. Papier. 310 sur 205 millim. Cartonné. (Ancien n° 181.)

201. « Réflexions sur la sculpture, lùes à l'Académie royale de Peinture et de Sculpture, le 7 juin 1760, par M. Falconet. »

XVIIIe siècle. Papier. 34 pages. 320 sur 205 millim. Cartonné. (Ancien n° 182.)

202. I. « S'il est plus avantageux aux artistes de vivre dans la retraite ou dans le commerce du monde. Lû le 8 janvier 1763 par M. le chevalier de Valory. » — 20 pages.

II. Un second exemplaire. — 16 pages.

XVIIIe siècle. Papier. 315 sur 240 millim. Cartonné. (Ancien n° 183.)

203. I. « Traité de peinture, présenté à l'Académie royalle de Peinture et de Sculpture, par M. Galloche, recteur. » — 96 pages.

II. Cinq conférences de Galloche, rédigées par Cochin. — 121 pages.

III. « Réponse à M. Galloche sur la manière dans les arts, prononcée à l'Académie royale de Peinture, le 6 juin 1750 », par Coypel. Deux exemplaires. — 3 et 3 pages.

XVIIIe siècle. Papier. 310 sur 200 millim. Cartonné. (Ancien n° 183 *bis* I.)

204. « Discours sur la pratique de la peinture et ses trois principaux procédés, ébaucher, peindre à fonds et retoucher, par M. Hulst. »

XVIIIe siècle. Papier. 50 pages. 225 sur 150 millim. Cartonné. (Ancien n° 183 *bis* II.)

205. « Discours sur la pratique de peindre, lùe à l'Académie [royale de Peinture et de Sculpture], par M. Oudry le …» — 20 pages.

II. Seconde partie. — 30 pages.

III. Réponse au discours de M. Oudry. — 3 pages.

XVIIIe siècle. Papier. 370 sur 240 millim. Cartonné. (Ancien n° 183 *bis* III.)

206. « Discours sur la nécessité de recevoir des avis », par Coypel.

XVIIIe siècle. Papier. 24 pages. 240 sur 185 millim. Cartonné. (Ancien n° 183 *bis* IV.)

207. « Dialogue sur la connaissance de la peinture », par Coypel.

XVIIIe siècle. Papier. 37 pages. 220 sur 165 millim. Cartonné. (Ancien n° 183 *bis* V.)

208. I. Réponse à M. de Caylus. — 4 pages.

II. « Épître de M. le comte de Caylus à l'Académie [royale de Peinture et de Sculpture], en lui faisant don du portrait de M. Lebrun, peint par Dufrenoy. » — 4 pages.

III. « Réponse à M. le comte de Caylus, 3 octobre 1750. » — 2 pages.

IV. Remerciments adressés à M. de Caylus. — 1 page.

XVIIIe siècle. Papier. 325 sur 210 millim. Cartonné. (Ancien n° 183 *bis* VI.)

209. « Lettre de M. Coypel à M. le comte de Caylus, dans laquelle il rend compte de sa gestion pour les arts, depuis sa nomination de premier peintre du Roy en 1747. »

XVIIIe siècle. Papier. 22 pages. 230 sur 185 millim. Cartonné. (Ancien n° 183 *bis* VII.)

210. « Vers sur le tableau de Suzanne, peint en 17.., par M. Antoine Coypel, premier peintre du Roy, par M. de Boiffrand, architecte du Roy. »

XVIIIe siècle. Papier. 8 pages. 315 sur 205 millim. Cartonné. (Ancien n° 183 *bis* VIII.)

211. Compliments et réponses par Coypel.

XVIIIe siècle. Papier. 9 pièces. 265 sur 185 millim. Cartonné. (Ancien n° 183 *bis* IX.)

212. « Épître dédicatoire. L'Académie royale de Peinture et de Sculpture au roi. » — Page 5. « Mémoires et conférences de l'Académie royale de Peinture et de Sculpture », par Coypel.

XVIIIe siècle. Papier. 15 pages. 280 sur 200 millim. Cartonné. (Ancien n° 183 *bis* X.)

213. I. « Ode sur la protection immédiate du roi accordée à l'Académie royale de Peinture et de Sculpture, à la fin du siècle de son établissement, par M. Desportes. Lûe le 22 juin 1748. » — 5 pages.
II. Un second exemplaire. — 3 pages.

XVIIIᵉ siècle. Papier. 225 sur 190 millim. Cartonné. (Ancien nº 183 *bis* XI.)

214. I. « Ode sur la paix de 1748, lûe à l'Académie par M. Desportes, peintre, et conseiller de l'Académie [royale de Peinture et de sculpture]. » — 5 pages.
II. Un second exemplaire. — 5 pages.

XVIIIᵉ siècle. Papier. 220 sur 170 millim. Cartonné. (Ancien nº 183 *bis* XII.)

215. Ode sur la paix.

Début : « François, tout chante votre gloire,
Des sons guerriers frappent les airs... »

XVIIIᵉ siècle. Papier. 4 pages. 220 sur 170 millim. Cartonné. (Ancien nº 183 *bis* XIII.)

216. I. « Épître sur la diversité des esprits. » — 12 pages.
II. Autre rédaction. — 12 pages.

XVIIIᵉ siècle. Papier. 275 sur 195 millim. Cartonné. (Ancien nº 183 *bis* XIV.)

217. « Mémoire sur l'estime qu'ont eu les anciens des sciences et des arts, et des avantages qu'ils produisent », par Lubet.

XVIIIᵉ siècle. Papier. 20 pages. 320 sur 210 millim. Cartonné. (Ancien nº 183 *bis* XV.)

218. « Brouillon pour le discours sur l'histoire de la peinture en France, avant les règnes de François Iᵉʳ et de Louis XIV, par M. Hulst. »

XVIIIᵉ siècle. Papier. 10 pages. 320 sur 210 millim. Cartonné. (Ancien nº 183 *bis* XVI.)

219. « Histoire des conférences lûes à l'Académie [royale de Peinture et de Sculpture], par M. Hulst. »

XVIII⁰ siècle. Papier. 6 pages. 215 sur 160 millim. Cartonné.
(Ancien n° 183 *bis* XVII.)

220. « Réponse au discours de M. Hulst sur les Annales de l'Académie [royale de Peinture et de Sculpture], proposées sur trois plans
différents. »

XVIII⁰ siècle. Papier. 2 pages. 320 sur 210 millim. Cartonné.
(Ancien n° 183 *bis* XVIII.)

221. « Réponse au discours de M. Le Clerc sur la perspective. »

XVIII⁰ siècle. Papier. 2 pages. 320 sur 210 millim. Cartonné.
(Ancien n° 183 *bis* XIX.)

222. « Réflexions sur la lettre que Mʳ Viel a présentée à l'Académie
sur l'architecture. »

XVIII⁰ siècle. Papier. 3 pages. 255 sur 190 millim. Cartonné.
(Ancien n° 183 *bis* XX.)

223. « De l'ostéologie », par Sue.

XVIII⁰ siècle. Papier. 3 pages. 240 sur 175 millim. Cartonné.
(Ancien n° 183 *bis* XXI.)

224. « Discours sur les os, approprié à l'utilité des élèves en l'art
de la peinture et de sculpture, par M. Sue, professeur d'anatomie... »

XVIII⁰ siècle. Papier. 42 pages. 240 sur 160 millim. Cartonné.
(Ancien n° 183 *bis* XXII.)

225. « Conférences sur les différentes parties qui peuvent former
matière à disserter, par M... »

XVIII⁰ siècle. Papier. 4 pages. 340 sur 230 millim. Cartonné
(Ancien n° 183 *bis* XXIII.)

226. « La peinture n'est point inférieure à la poésie », dialogue.

XVIII⁰ siècle. Papier. 19 pages. 280 sur 200 millim. Cartonné.
(Ancien n° 183 *bis* XXIV.)

227. « On peut écrire sensément sur les arts sans être orateur et savant de profession », dialogue.

XVIIIe siècle. Papier. 12 pages. 240 sur 150 millim. Cartonné. (Ancien n° 183 *bis* XXV.)

228. « Dissertation sur l'étude des sciences relatives aux arts de la peinture et de la sculpture. »

XVIIIe siècle. Papier. 15 pages. 280 sur 200 millim. Cartonné. (Ancien n° 183 *bis* XXVI.)

229. I. « Dissertation sur la théorie et la pratique. » — 16 pages. II. Autre rédaction. — 15 pages.

XVIIIe siècle. Papier. 280 sur 200 millim. Cartonné. (Ancien n° 183 *bis* XXVII.)

230. « Discours sur la beauté et la variété. »

XVIIIe siècle. Papier. 15 pages. 220 sur 165 millim. Cartonné. (Ancien n° 183 *bis* XXVIII.)

231. « Sur la critique des ouvrages de peinture et de sculpture. »

XVIIIe siècle. Papier. 31 pages. 225 sur 170 millim. Cartonné. (Ancien n° 183 *bis* XXIX.)

232. « La composition. »

XVIIIe siècle. Papier. 12 pages. 230 sur 180 millim. Cartonné. (Ancien n° 183 *bis* XXX.)

233. « De l'harmonie. »

XVIIIe siècle. Papier. 11 pages. 230 sur 180 millim. Cartonné. (Ancien n° 183 *bis* XXXI.)

234. « Du coloris. »

XVIIIe siècle. Papier. 12 pages. 230 sur 180 millim. Cartonné. (Ancien n° 183 *bis* XXXII.)

235. « Du dessin. »

XVIIIe siècle. Papier. 11 pages 230 sur 180 millim. Cartonné. (Ancien n° 183 *bis* XXXIII.)

236. Deux réponses anonymes à des discours académiques.

XVIIIe siècle. Papier. 7 pages. 315 sur 205 millim. Cartonné. (Ancien n° 183 *bis* XXXIV.)

237. Papiers relatifs à la partie technique de la peinture. Rapports sur diverses inventions soumises à l'appréciation de l'Académie. — 22 pièces.

XVIIIe siècle. Papier. 146 feuillets. 365 sur 245 millim. Cartonné. (Ancien n° 183 *bis* XXXV.)

238. I. Notices sur les peintres hollandais. — 112 pages.

II. « Répertoire alphabétique des peintres qui composent ce qu'on appelle l'école flamande, » par Hulst. — 24 feuillets.

III. « Répertoire alphabétique des plus célèbres peintres des dix-sept provinces des Pays-Bas, compris quelques-uns d'Allemagne », par le même. — 112 pages.

XVIIIe siècle. Papier. 285 sur 205 millim. Cartonné. (Ancien n° 183 *bis* XXXVI.)

239-288. Mémoires explicatifs des Restaurations des monuments antiques de l'Italie et de la Grèce, par les architectes pensionnaires de l'Académie de France à Rome (1786-1891) (1).

239. « Restauration d'un temple de Vespasien, à Brescia, par M. Hulmann, 1875. »

XIXe siècle. Papier. 35 feuillets et 1 dessin. 270 sur 190 millim. Cartonné. (Ancien n° 184.)

240. I. « Mémoire explicatif de la restauration du temple d'Hercule, à Cora près Rome, par M. Labrouste l'aîné (1831). » — 24 pages.

II. « Mémoire explicatif de la restauration des temples de Pœstum près Naples, par M. Labrouste le jeune (1829). » — 48 pages.

III. « Mémoire explicatif de la restauration du temple d'Octavie, à Rome, par M. Félix Duban (1828). » — 33 pages.

XIXe siècle. Papier. 335 sur 215 millim. Cartonné. (Anciens n°s 184 *bis*, 186 et 210.)

---

(1) Un certain nombre de ces restaurations ont été publiées sous les auspices et la direction des Beaux-Arts; la plupart sont accompagnées d'un texte explicatif.

241. I. Restauration du temple d'Ostie, par Gilbert aîné (1827). — 12 pages.

II. « Mémoire explicatif de la restauration du temple de Marc Aurèle, à Rome, par M. Villain (1847). » — 12 pages.

III. « Mémoire explicatif de la restauration des Thermes de Caracalla à Rome, par Blouet (1825). » — 40 pages.

    XIX⁰ siècle. Papier. 335 sur 220 millim. Cartonné. (Anciens nᵒˢ 185, 217 et 228.)

242. « Mémoire explicatif de la restauration du port de Trajan, à Ostie, par M. Garrez (1834). »

    XIX⁰ siècle. Papier. 62 pages. 330 sur 235 millim. Cartonné. (Ancien nᵒ 185 *bis*.)

243. « Mémoire explicatif de la restauration du temple de Neptune, à Pœstum, par M. F. Thomas (1849). »

    XIX⁰ siècle. Papier. 15 feuillets et 7 dessins originaux. 330 sur 220 millim. Cartonné. (Ancien nᵒ 187.)

244. I. « Mémoire explicatif de la restauration du Forum de Pompéi..., par M. Callet (1822). » — 44 pages.

II. « Mémoire explicatif sur la restauration de la basilique Ulpienne à Rome, par M. Lesueur, architecte (1823). » — 16 pages. (Publié en 1877).

III. « Mémoire explicatif de la restauration du château Aqua Julia, à Rome, par M. Garnaud (1821). » — 12 pages.

    XIX⁰ siècle. Papier. 335 sur 220 millim. Cartonné. (Anciens nᵒˢ 189, 194 et 196.)

245. Restauration du temple de Vénus, à Pompéi, par M. W. Chabrol (1867).

    XIX⁰ siècle. Papier. 14 feuillets, 3 photographies et 4 planches. 330 sur 230 millim. Cartonné. (Ancien nᵒ 190.)

246. Essai de restauration du quartier des théâtres à Pompéi, par M. P. Bonnet (1858).

    XIX⁰ siècle. Papier. 68 pages. 305 sur 210 millim. Cartonné. (Ancien nᵒ 191.)

247. I. « Mémoire sur l'édifice antique connu à Pouzzoles sous le nom de temple de Sérapis, par M. A. Caristie (1820). » — 101 pages.

II. « Recherches sur le temple de Sérapis à Pouzzoles, par M. le chanoine Andrea de Jorio…, Naples, 1820. » — 38 pages.

XIXe siècle. Papier. 330 sur 200 millim. Cartonné. (Ancien n° 192.)

248. I. « Mémoire explicatif de la restauration de l'arc de Titus à Rome, par M. Guénepin (1810). » — 24 pages.

II. « Mémoire explicatif de la restauration du temple d'Antonin et de Faustine, à Rome, par M. Ménager (1803). » — 28 pages.

III. « Mémoire explicatif de la restauration du temple de Vesta, à Rome, par M. Van Cléempute jeune (1820). » — 24 pages.

XIXe siècle. Papier. 335 sur 215 millim. Cartonné. (Ancien n°s 193, 212 et 235.)

249. « Mémoire historique sur la restauration de la colonne Trajane, faite par M. Charles Percier, architecte (1788)… — Ce mémoire et la nécrologie qui le suit ont été rédigés par Mr A.-L.-T. Vaudoyer…, le 1er juillet 1839. » (Publié en 1877.)

XIXe siècle. Papier. 120 pages. 320 sur 215 millim. Cartonné. (Ancien n° 198.)

250. Restauration du forum d'Auguste et du temple de Mars Vengeur, à Rome, par M. Noguet (1869).

XIXe siècle. Papier. 38 pages. 270 sur 200 millim. Cartonné. (Ancien n° 199.)

251. « Mémoire explicatif de la restauration du Forum romain, par M. Léveil (1836). »

XIXe siècle. Papier. 66 feuillets. 330 sur 210 millim. Cartonné. (Ancien n° 200.)

252. « Mémoire explicatif de la restauration des monuments du Forum Romain, situés au pied du Clivus Capitolinus, à Rome, par M. A. Normand (1852). »

XIXe siècle. Papier. 228 pages et 8 plans. 340 sur 210 millim. Cartonné. (Ancien n° 201.)

253. Restauration du Forum Romain sous les derniers Antonins, par M. F. Dutert (1874.) (Publié en 1876.)

> XIXe siècle. Papier. 52 pages et 2 dessins. 360 sur 230 millim. Cartonné. (Ancien n° 202.)

254. « Mémoire explicatif de la restauration du Forum de Trajan, par M. Morey (1835). »

> XIXe siècle. Papier. 46 pages. 330 sur 210 millim. Cartonné. (Ancien n° 202 *bis*.)

255. « Mémoire explicatif de la restauration du Forum de Trajan, par M. J. Guadet (1867). »

> XIXe siècle. Papier. 90 pages. 260 sur 200 millim. Cartonné. (Ancien n° 203.)

256. « Mémoire explicatif de la restauration de l'île Tibérine, du temple d'Esculape et de ses monuments, présenté par M. Delannoy (1832). »

> XIXe siècle. Papier. 30 feuillets. 335 sur 230 millim. Cartonné. (Ancien n° 204.)

257. « Mémoire explicatif de la restauration du Mont-Palatin, par M. Clerget (1838). »

> XIXe siècle. Papier. 76 pages. 325 sur 210 millim. Cartonné. (Ancien n° 205.)

258. « Restauration du musée d'Adrien, à Rome, par M. Vaudremer (1857). »

> XIXe siècle. Papier. 33 pages et 1 dessin. 325 sur 225 millim. Cartonné. (Ancien n° 206.)

259. « Mémoire explicatif sur la restauration de la Palestre à Rome, par M. Pascal (1870). »

> XIXe siècle. Papier. 36 pages et 8 dessins. 310 sur 215 millim. Cartonné. (Ancien n° 208.)

260. « Restauration du Tabularium et des monuments situés au pied du Capitole sur le Forum, par M. C. Moyaux (1866). »

XIX⁰ siècle. Papier. 18 feuillets. 265 sur 200 millim. Cartonné.
(Ancien n° 211.)

261. « Mémoire explicatif de la restauration du temple de Mars
Vengeur et du Forum d'Auguste, par M. J. Huchard (1843). »

XIX⁰ siècle. Papier. 23 feuillets. 335 sur 215 millim. Cartonné.
(Ancien n° 218.)

262. « Mémoire explicatif de la restauration du temple de la Paix,
par M. Gauthier (1814). »

XIX⁰ siècle. Papier. 14 feuillets. 325 sur 210 millim. Cartonné.
(Ancien n° 220.)

263. « Restauration du temple du Soleil, à Rome, par M. A. Gerhard
(1868). »

XIX⁰ siècle. Papier. 24 pages. 255 sur 190 millim. Cartonné. (Ancien n° 222.)

264. « Rapport sur la restauration des thermes de Titus, par M. A.
Leclerc (1871-1872). »

XIX⁰ siècle. Papier. 76 pages. 360 sur 215 millim. Cartonné. (Ancien n° 223.)

265. « Mémoire explicatif de la restauration du temple de Vénus,
par L. Vaudoyer (1831). »

XIX⁰ siècle. Papier. 44 pages. 335 sur 210 millim. Cartonné. (Ancien n° 224.)

266. « Mémoire explicatif de la restauration des trois temples à
Saint-Nicolas in Carcere, par M. H. Lefuel (1843). »

XIX⁰ siècle. Papier. 25 feuillets. 325 sur 210 millim. Cartonné.
(Ancien n° 226.)

267. « Description du théâtre de Marcellus, à Rome..., par M. A.-L.-T.
Vaudoyer (1786). »

XVIII⁰ siècle. Papier. 275 sur 205 millim. Cartonné. (Ancien
n° 226.)

268. « Mémoire explicatif de la restauration du théâtre de Pompée, par M. V. Baltard (1837). »

XIX⁰ siècle. Papier. 60 feuillets. 325 sur 210 millim. Cartonné (Ancien n° 227.)

269. « Mémoire explicatif sur la restauration des Thermes de Dioclétien, à Rome, par M. Boulanger (1842). »

XIX⁰ siècle. Papier. 38 pages. 335 sur 210 millim. Cartonné. (Ancien n° 229.)

270. « Mémoire sur la voie Appia, par M. Ancelet (1856). »

XIX⁰ siècle. Papier. 48 pages. 310 sur 210 millim. Cartonné. (An-(cien n° 232.)

271. « Restauration et projet d'achèvement de la villa Madame, à Rome, par M. Bénard (1871). »

XIX⁰ siècle. Papier. 21 feuillets. 270 sur 215 millim. Cartonné. (Ancien n° 233.)

272. Essai de restauration de la villa Tiburtine de l'empereur Adrien, par M. Daumet (1859).

XIX⁰ siècle. Papier. 36 pages. 340 sur 225 millim. Cartonné. (Ancien n° 236.)

273. Restauration de la villa d'Hadrien, à Rome, par M. Girault (1885).

XIX⁰ siècle. Papier. 12 feuilllets. 315 sur 215 millim. Cartonné. (Ancien n° 237.)

274. Restauration du théâtre de Vérone, par M. Guillaume (1860).

XIX⁰ siècle. Papier. 65 feuillets et 1 dessin. 330 sur 220 millim. Cartonné. (Ancien n° 239.)

275. « Mémoire sur la restauration de l'ensemble de l'Acropole d'Athènes, par M. Lambert (1878). »

XIX⁰ siècle. Papier. 38 pages. 360 sur 230 millim. Cartonné. (Ancien n° 240.)

276. « Mémoire explicatif de la restauration du Parthénon, par M. A. Paccard (1845). »

> XIXe siècle. Papier. 84 feuillets et 1 dessin. 335 sur 220 millim. Carton. (Ancien n° 241.)

277. « Mémoire explicatif de la restauration des Propylées, » par MM. Titeux et Chaudet (1846).

> XIXe siècle. Papier. 29 pages. 330 sur 215 millim. Cartonné. (Ancien n° 242.)

278. Restauration des propylées de l'Acropole d'Athènes, par M. Dubuisson (1848).

> XIXe siècle. Papier. 18 pages. 255 sur 190 millim. Cartonné. (Ancien n° 243.)

279. Restauration des propylées d'Athènes, par M. Boitte (1864).

> XIXe siècle. Papier. 56 pages. 300 sur 195 millim. Cartonné. (Ancien n° 243 *bis*.)

280. « Mémoire explicatif de la restauration de l'Erechteion (Acropole d'Athènes), par M. Tetaz (1847). »

> XIXe siècle. Papier. 60 pages et 1 dessin. 330 sur 215 millim. Cartonné. (Ancien n° 244.)

281. I. Restauration du temple de Thésée, à Athènes, par M. André (1851). — 51 pages.
II. Copie. — 102 pages.

> XIXe siècle. Papier. 335 sur 225 millim. Cartonné. (Ancien n° 246.)

282. Restauration du temple « d'Apollon Epicurus », à Bassæ (Arcadie), par M. Lebouteux (1854).

> XIXe siècle. Papier. 30 pages et 12 planches. 310 sur 215 millim. Cartonné. (Ancien n° 247.)

283. « Restauration du Témenos d'Apollon, à Délos, et parallèles d'ordres doriques grecs, par M. Nénot (1880). »

> XIXe siècle. Papier. 10 pages. 315 sur 215 millim. Cartonné. (Ancien n° 248.)

284. « Mémoire explicatif de la restauration du temple de Jupiter Panhellénien, à Égine, par M. Ch. Garnier (1852). » (Publié en 1884.)

XIX⁰ siècle. Papier. 98 feuillets. 325 sur 210 millim. Cartonné. (Ancien n° 250.)

285. Restauration de l'enceinte sacrée de Déméter à Éleusis, par M. Blavette (1884).

XIX⁰ siècle. Papier. 32 pages. 310 sur 205 millim Cartonné. (Ancien n° 251.)

286. Projet de restauration des temples d'Épidaure, par M. Defrasse (1891).

XIX⁰ siècle. Papier. 10 pages. 315 sur 210 millim. Cartonné. (Ancien n° 252.)

287. Restauration de l'Atlis d'Olympie, par M. Laloux (1883). » (Publié en 1889.)

XIX⁰ siècle. Papier. 13 feuillets. 315 sur 220 millim. Cartonné. (Ancien n° 256.)

288. Restauration de l'Acropole de Sunium, par M. Louvet (1854).

XIX⁰ siècle. Papier. 39 feuillets et 5 dessins. 305 sur 210 millim. Cartonné. (Ancien n° 257.)

289-290. Croquis et études d'architecture, par Desceine.
Tome I⁰ʳ. — 81 feuillets. 220 sur 175 millim.
Tome II. — 175 feuillets. 210 sur 150 millim.

XVIII⁰ siècle. Papier. 2 volumes. Rel. parchemin. (Ancien n° 258.)

291. Croquis et études d'architecture, par Desceine.

XVIII⁰ et XIX⁰ siècles. Papier. 108 pages. 270 sur 210 millim. Cartonné. (Ancien n° 259.)

292. Notes (dessins) tirées de Vitruve, Palladio, François Blondel (1778), par Desceine.

XVIII⁰ siècle. Papier. 170 pages. 330 sur 225 millim. Rel. parchemin. (Ancien n° 260.)

293-315. Papiers d'Alexandre Lenoir (1).

293. « Mémoire sur la question suivante : Qu'est-ce que l'originalité dans les arts dépendant du dessin, » par Alexandre Lenoir.

XIXᵉ siècle. Papier. 16 pages. 350 sur 225 millim. Cartonné. (Ancien n° 261.)

294. Théorie de l'expression en peinture, par Alexandre Lenoir.

XIXᵉ siècle. Papier. 19 feuillets. 300 sur 230 millim. Cartonné. (Ancien n° 262.)

295. « Observations sur un article intitulé : Anatomie comparée. Des formes de la femme, etc..., » par Alexandre Lenoir. (Imprimés et manuscrits.)

Page 4. « Anatomie comparée. Caractères physiques des tempéramens ou des constitutions de l'homme », par Gerdy (imprimé).

Page 9. « Observations sur un article intitulé : Anatomie comparée. Caractères physiques, etc... »

XIXᵉ siècle. Papier. 17 pages. 230 sur 185 millim. Cartonné. (Ancien n° 263.)

296-297. Traité philosophique des arts du dessin, par Alexandre Lenoir.

Tome Iᵉʳ. « Traité philosophique des arts du dessin, suivi d'un recueil d'observations puisées dans l'histoire sur le génie des peintres de l'antiquité, du moyen âge et des temps modernes. » — 265 feuillets, imprimés et manuscrits.

Tome II. « Traité philosophique des arts du dessin à l'usage des jeunes peintres. » — 18 feuillets, imprimés et manuscrits.

XIXᵉ siècle. Papier. 2 volumes. 260 sur 190 millim. Cartonné. (Ancien n° 264.)

298. « Mémoire sur la question suivante : Déterminer les rapports qui existent entre les Beaux-Arts et ce que chacun d'eux emprunte à l'imagination », par Alexandre Lenoir.

XIXᵉ siècle. Papier. 14 pages. 350 sur 230 millim. Cartonné. (Ancien n° 265.)

(1) La bibliographie complète des œuvres d'A. Lenoir se trouve au tome II, p. 205, de l'ouvrage de Courajod : *Alexandre Lenoir, sa vie et le Musée des Monuments français* (Paris, 1878-1887, 3 volumes in-8°).

299. Notes sur Claude de France, Charles-Quint et Janus, par
Alexandre Lenoir.

> XIX⁰ siècle. Papier. 7 feuillets. 350 sur 225 millim. Cartonné. (Ancien
> n° 265 *bis*.)

300. I. « Rapport mythologique, historique et critique (sur des
antiquités de l'Inde et de l'Afrique méridionale), fait à la Société libre
des Beaux-Arts, dans sa séance du 18 juin 1833 », par Alexandre
Lenoir. — 16 feuillets.

II. « Extrait du Rapport mythologique, etc... », par le même (imprimé). — 11 feuillets.

III. « Société libre des Beaux-Arts (séance du 2 juillet 1833).
Observations sur la rédaction du procès-verbal de la séance du 18 juin »,
par le même. — 2 feuillets.

> XIX⁰ siècle. Papier. 320 sur 215 millim. Cartonné. (Ancien n° 266.)

301. « Observations sur la lecture des hiéroglyphes (mémoire lû au
congrès de l'Institut historique, le 15 septembre 1836), » par Alexandre
Lenoir.

> XIX⁰ siècle. Papier. 50 feuillets. 310 sur 200 millim. Cartonné. (An-
> cien n° 267.)

302. « Description d'un papyrus égyptien, qui appartient à M⁰ Ame-
lin », par Alexandre Lenoir.

> XIX⁰ siècle. Papier. 6 feuillets. 305 sur 195 millim. Cartonné.
> (Ancien n° 268.)

303. Mémoire sur l'obélisque de Louqsor, par Alexandre Lenoir.

> XIX⁰ siècle. Papier. 10 feuillets. 340 sur 220 millim. Cartonné.
> (Ancien n° 269.)

304. « Recherches sur les antiquités égyptiennes, ou description de
deux caisses de momies qui se voient au château d'Ussé..., à deux lieues
de Chinon », par Alexandre Lenoir.

> XIX⁰ siècle. Papier. 6 feuillets. 355 sur 235 millim. Cartonné
> (Ancien n° 270.)

305. « Observations sur l'architecture gothique; mémoire lu en séance publique de la Société philotechnique; en mai 1821 », par Alexandre Lenoir.

XIXe siècle. Papier. 8 feuillets. 300 sur 230 millim. Cartonné. (Ancien n° 271.)

506. « Observation sur les figures du temple de Montmorillon », par Alexandre Lenoir.

Deux rédactions. — 5 feuillets.

XIXe siècle. Papier. 365 sur 245 millim. Cartonné. (Ancien n° 272.)

507. « Art de la gravure. — Considérations générales », par Alexandre Lenoir.

XIXe siecle. Papier. 15 feuillets. 305 sur 220 millim. Cartonné. (Ancien n° 273.)

508. Observations sur les Écoles allemande et hollandaise. — Observations sur les œuvres principales des plus grands peintres de l'antiquité et des temps modernes, par Alexandre Lenoir.

XIXe siècle. Papier. 40 feuillets. 310 sur 200 millim. Cartonné. (Ancien n° 274.)

509. « Peintres d'histoire qui ont peint le genre familier », par Alexandre Lenoir. (Manuscrits et imprimés.)

XIXe siècle. Papier. 11 feuillets. 250 sur 175 millim. Cartonné. (Ancien n° 275.)

510. « Peintres d'histoire qui ont peint l'architecture, les fleurs et les fruits », par Alexandre Lenoir. (Imprimés et manuscrits.)

XIXe siècle. Papier. 4 feuillets. 245 sur 170 millim. Cartonné. (Ancien n° 276.)

511. « Origine des masques », par Alexandre Lenoir.

XIXe siècle. Papier. 4 pages. 210 sur 195 millim. Cartonné. (Ancien n° 277.)

512. « Aperçu historique et critique sur l'origine des comédiens », par Alexandre Lenoir. (Mémoire lû à la Société royale académique des sciences, en séance publique du 2 décembre 1821.)

XIXe siècle. Papier. 6 feuillets et 1 dessin. 200 sur 190 millim. Cartonné. (Ancien n° 278.)

313. « Notes de mon article sur le Jugement de Paris, inséré dans les *Annales françaises,* en réponse au *Drapeau blanc,* du 2 mai 1822 », par Alexandre Lenoir.

XIXe siècle. Papier. 2 feuillets. 245 sur 205 millim. Cartonné. (Ancien n° 279.)

314. « Rapport fait à l'Académie des Inscriptions et Belles-Lettres, par MM^r Leblond et Mongez, sur un plateau antique de cuivre doublé d'argent, trouvé en Bourbonnais, près du château de Chantelles », par Alexandre Lenoir.

XIXe siècle. Papier. 2 feuillets. 335 sur 225 millim. Cartonné. (Ancien n° 280.)

315. Papiers divers d'Alexandre Lenoir. (Lettres, poésies, chansons, comptes, requêtes, etc.)

XVIIIe et XIXe siècles. Papier. 94 feuillets. 370 sur 230 millim. Cartonné. (Ancien n° 281.)

316-324. Papiers du peintre Louis David (1).

316. Lettres autographes de David, adressées au Comité de Salut public, aux membres de la Convention, aux membres du Directoire, à la princesse Charlotte Bonaparte, à Denon, Gros, au comte de Goltz, etc. (1781-1825).

XVIIIe et XIXe siècles. Papier. 103 feuillets. 350 sur 200 millim. Cartonné. (Ancien n° 282.)

317. Lettres de la famille de David.

XVIIIe et XIXe siècles. 46 feuillets. 245 sur 200 millim. Cartonné. (Ancien n° 283.)

318. Lettres autographes adressées à David et à son fils par des membres de la Convention, du Comité de la République Cisalpine,

(1) La plupart des manuscrits de Louis David ont été publiés par M. DAVID-CHASSAGNOLLE dans son ouvrage : *le Peintre Louis David* (Paris, 1880. 2 vol. in-4°).

Joseph Bonaparte, la reine Hortense, Chaptal, Champigny, Daru, Drölling, Drouais, Ducis, Girodet, Gros, Laplace, Lejeune, Lesueur, Marmontel, général Miollis, Montalivet, Peyronnet, Madame Récamier, Léopold Robert, Rude, le prince de Schwarzenberg, Villemain, etc. (1785-1828.)

> XVIII° et XIX° siècles. Papier. 88 feuillets et 5 planches. 300 sur 210 millim. Cartonné. (Ancien n° 284.)

519. Dossiers divers relatifs à David. — Lettre du Comité de Sûreté générale, — pétition des élèves de David réclamant la délivrance de leur maître, — loi sur la mise en liberté de David, — papiers concernant sa succession, etc. (1790-1830.)

> XVIII° et XIX° siècles. Papier. 127 feuillets et 5 planches. 350 sur 200 millim. Cartonné. (Ancien n° 285.)

520. Journaux de Messieurs les Académiciens dissidents (1789-1790).

> XVIII° siècle. Papier. 127 feuillets et 5 portraits. 410 sur 250 millim. Cartonné. (Anciens n°ˢ 286-287.)

521. Pièces relatives aux ateliers de David. (Listes d'élèves et de modèles.)

> XIX° siècle. Papier. 87 feuillets. 225 sur 180 millim. Cartonné. (Ancien n° 288.)

522. Patente de peintre et diplômes accordés à David. (1792-1822.)

> XVIII° et XIX° siècles. Papier. 20 feuillets. 320 sur 200 millim. Cartonné. (Ancien n° 289.)

523. Articles de journaux et vers sur les tableaux de David (imprimés et manuscrits).

> XVIII° et XIX° siècles. Papier. 39 feuillets. 290 sur 200 millim. Cartonné. (Ancien n° 290.)

524. Papiers et lettres concernant la famille de David.

> XIX° siècle. Parchemin et papier. 20 feuillets. 350 sur 220 millim. Cartonné. (Ancien n° 291.)

325-332. Manuscrits de Gault de Saint-Germain. (1753-1842.)

325. « Inventaire de mes œuvres, dressé par moi en 1839, divisé en quatre parties », par Gault de Saint-Germain.

> XIXe siècle. Papier. 178 pages et 1 planche. 195 sur 130 millim. (Ancien n° 392.)

326. « Recueil de pièces sur l'Académie royale de Peinture et de Sculpture, autographes, opinions, correspondances, anecdotes, manuscrits, fac-similé, par P.-M. Gault de Saint-Germain. » (Pièces imprimées et manuscrites.)

> XIXe siècle. Papier. 414 pages et 2 planches. 195 sur 145 millim. Demi-rel. (Ancien n° 293.)

327. « Mozaïque (*sic*) scientifique, littéraire, artistique, composée par P. M. G. D. S. G. » [Gault de Saint-Germain] (Pièces imprimées et manuscrites).

> XIXe siècle. Papier. 370 pages et 128 planches et dessins. 250 sur 190 millim. Demi-rel. (Ancien n° 294.)

328. « OEuvres diverses de P.-M. Gault de Saint-Germain. »

> XIXe siècle. Papier. 188 pages et 2 planches. 200 sur 140 millim. Demi-rel. (Ancien n° 295.)

329. « Souvenirs de quelques amateurs du XVIIIe siècle », par Gault de Saint-Germain.

Page 21. « Nécrologie des amateurs et des artistes célèbres. »

Page 237. « Correspondance historique et critique sur divers sujets concernant les Beaux-Arts… »

Page 409. « Inventaire de ma collection artistique et de mes manuscrits inédits. »

Page 476. « Biographies diverses. »

> XIXe siècle. Papier. 494 pages et 99 planches. 265 sur 190 millim. Demi-rel. (Ancien n° 296.)

330. « Tipe du beau sur toutes les productions du génie dans les arts, l'industrie et le commerce, depuis la fondation d'une ville jusqu'au plus grand développement de ses forces terrestres et maritimes, de sa magnificence, de son luxe, par P.-M. Gault de Saint-Germain, ci-devant pensionnaire du roi de Pologne (1807) . »

Page 123. « Fragments d'antiquités géographiques, topographiques, monumentaires, pour l'intelligence du type du beau. »

XIXe siècle. Papier. 254 pages et 99 planches. 225 sur 175 millim. Demi-rel. (Ancien n° 297.)

551. « Recueil des (*sic*) pièces littéraires, scientifiques, artistiques, par G. D. S. D. » [Gault de Saint-Germain.] (Pièces imprimées et manuscrites.)

XIXe siècle. Papier. 352 pages, 92 planches, 2 morceaux d'étoffes chinoises et 1 fragment de manuscrit espagnol du XVe siècle. 270 sur 195 millim. Demi-rel. (Ancien n° 298.)

552. « Recueil des pièces littéraires…, etc. », par Gault de Saint-Germain. (Pièces imprimées et manuscrites.)

XIXe siècle. Papier. 200 pages et 70 planches. 265 sur 190 millim. Demi-rel. (Ancien n° 298 *bis*.)

553-596. Manuscrits de Guénebault (1). (1789-1878.)
553-556. « Répertoire iconographique pouvant servir de supplément au catalogue de ma Collection de gravures », par J.-L. Guénebault. (Imprimés et manuscrits.)
553. I. Abbayes-Costumes. — 213 feuillets.
554. II. Cour-Logement. — 211 feuillets.
555. III. Lomb-Syntronum. — 213 feuillets.
556. IV. Tabar-Zoologie. — 229 feuillets.

XIXe siècle. Papier. 4 volumes. 245 sur 185 millim. Cartonné. (Ancien n° 299.)

557-552. « Dictionnaire iconographique de la sigillographie à toutes les époques de la civilisation depuis le moyen-âge, offrant l'inventaire et la description de tous les sceaux dont nous avons rencontré la reproduction par la gravure dans les livres ou les collections ; suivi

---

(1) La collection de gravures de M. Guénebault, séparée des manuscrits dont elle formait le complément, se trouve à la Bibliothèque Sainte-Geneviève.

d'un dictionnaire des auteurs et des ouvrages qui se sont occupés de la sigillographie depuis les temps les plus reculés jusqu'à notre époque, par L.-J. Guénebault père... » 1re partie.

537. I. Abbayes-Attaches. — 376 feuillets.

538. II. Artimini-Bernard. — 104 feuillets.

539. III. Berne-Carency. — 213 feuillets.

540. IV. Carsagnana-Chronologie. — 253 feuillets.

541. V. Chypre-Coutumes. — 275 feuillets.

542. VI. Couvents-Edmond. — 212 feuillets.

543. VII. Evreux-Francs-maçons. — 278 feuillets.

544. VIII. Frédéric-Henin. — 289 feuillets.

545. IX. Henri-Ingolstadt. — 156 feuillets.

546. X. Innocent-Lithuanie. — 335 feuillets.

547. XI. Lots-Métiers. — 311 feuillets.

548. XII. Métiers-Panier. — 308 feuillets.

549. XIII. Pape-Prévôté. — 272 feuillets.

550. XIV. Prieure-Scala. — 308 feuillets.

551. XV. Sceau-Toulouse. — 326 feuillets.

552. XVI. Tour-Zutphen. — 327 feuillets.

XIXe siècle. Papier. 16 volumes. 190 sur 120 millim. Cartonné. (Ancien n° 300.)

553-557. « Dictionnaire iconographique, etc... 2e partie. Bibliographie des livres qui se rattachent à l'étude de la diplomatique en général et de la sigillographie en particulier, sous le double point de vue des auteurs et des titres de leurs ouvrages, par L.-J. Guénebault. »

553. I. Academia-D'Arbois. — 301 feuillets.

554. II. Du-Cange-Kirchermannus. — 271 feuillets.

555. III. Kluit-Nostradamus. — 214 feuillets.

556. IV. Notaires-Société. — 205 feuillets.

557. V. Sommerberg-Zink. — 145 feuillets.

XIXe siècle. Papier. 5 volumes. 190 sur 120 millim. Cartonné. (Ancien n° 300 *bis*.)

558. « Répertoire alphabétique des matières renfermées dans une collection de brochures historiques, archéologiques, topographiques, géographiques, etc..., formée par L.-J. Guénebaut père, sous le titre de : Portefeuille d'un amateur, renfermant plus de 1,800 pièces en 1864 (*sic*), en 196 cartons in-8° et in-4°. »

XIX° siècle. Papier. 322 pages. 205 sur 115 millim. Cartonné. (Ancien n° 301.)

559. « Catalogue raisonné d'une suite considérable de brochures sur divers points d'antiquités, de littérature et d'histoire, formant une collection unique sous le titre : Portefeuille d'un amateur, etc... », par L.-J. Guénebault.

XIX° siècle. Papier. 466 feuillets. 200 sur 155 millim. Cartonné. (Ancien n° 301.)

560-580. « Répertoire alphabétique d'un amateur, ou recueil de notes manuscrites sur l'histoire, les arts, les sciences, l'archéologie, etc., par Guénebault père, pouvant servir de supplément et de correction aux deux volumes de mon Dictionnaire iconographique des monuments. »

560. I. A-Aquitaine. — 240 feuillets.
561. II. Arabe-Basc. — 239 feuillets.
562. III. Basilic-Cadillac. — 220 feuillets.
563. IV. Cadouin-Chants. — 204 feuillets.
564. V. Chapeau-Cologne. — 259 feuillets.
565. VI. Columbarium-Crypte. — 253 feuillets.
566. VII. Cuiller-Enfer. — 235 feuillets.
567. VIII. Engin-Fondateurs. — 219 feuillets.
568. IX. Fondeurs-Grégoire. — 193 feuillets.
569. X. Grelots-Instruments. — 232 feuillets.
570. XI. Intendant-Lézard. — 187 feuillets.
571. XII. Liberté-Maurice. — 211 feuillets.
572. XIII. Mausolée-Napolitain. — 211 feuillets.
573. XIV. Narbonne-Pâques. — 224 feuillets.
574. XV. Parabole-Pixis. — 219 feuillets.
575. XVI. Places-Quatrefeuilles. — 255 feuillets.
576. XVII. Quenouille-Santé. — 261 feuillets.
577. XVIII. Saône-Statues. — 279 feuillets.
578. XIX. Stella-Trabes. — 271 feuillets.
579. XX. Tradition-Vêtement. — 221 feuillets.
580. XXI. Vestis-Zurich. — 157 feuillets.

XIXe siècle. Papier. 21 volumes. 250 sur 160 millim. Cartonné.
(Ancien n° 302.)

381-387. « Dictionnaire d'iconologie allégorique, d'après les
monuments de peinture et de sculpture, les mosaïques, les minia-
tures, etc..., à partir de l'ère chrétienne vers le 4e siècle jusqu'à la fin
du XVIIe ou environ, classé par ordre alphabétique des noms, des
sujets et figures, par L.-J. Guénebault... »

381. I. Abeilles-Calendrier. — 288 feuillets.

382. II. Calice-Église. — 289 feuillets.

383. III. Élements-Honestas. — 298 feuillets.

384. IV. Honneur-Modestie. — 274 feuillets.

385. V. Mœurs-Présomption. — 317 feuillets.

386. VI. Pressoir-Témérité. — 275 feuillets.

387. VII. Tempérance-Zoologie. — 254 feuillets.

XIXe siècle. Papier. 7 volumes. 205 sur 130 millim. Cartonné.
(Ancien n° 303.)

388. « Essai d'un répertoire général et alphabétique des antiquités
étrusques, grecques et romaines, rédigé par L.-J. Guénebault, amateur,
sur les deux éditions in-4° et in-8°, mises au jour par David, et ren-
voyant pour les planches au grand ouvrage in-folio du célèbre cabinet
de lord Hamilton, publié par d'Hancarville. (Paris 1819-1820.) »

XIXe siècle. Papier. 404 pages. 215 sur 130 millim. Cartonné.
(Ancien n° 304.)

389-395. « Dictionnaire bibliographique d'un choix d'ouvrages sur
l'hagiographie, l'iconographie, l'archéologie et la liturgie (1re partie),
classé par ordre alphabétique des noms d'auteurs..., par L.-J. Guénebault. »

389. I. Aaron-Biverus. — 343 feuillets.

390. II. Blanchini-Conrado. — 386 feuillets.

391. III. Constantin-Garcia. — 322 feuillets.

392. IV. Gardellini-Lahier. — 353 feuillets.

393 V. Lambelius-Nau. — 355 feuillets.

394. VI. Navius-Sailer. — 323 feuillets.

395. VII. Saint-Zurlaban. — 343 feuillets.

XIXe siècle. Papier. 7 volumes. 185 sur 120 millim. Cartonné.
(Ancien n° 305.)

396. « Essai de traité de l'allégorie, ou parallèle du génie symbolique de l'antiquité payenne avec l'antiquité chrétienne, par L.-J. Guénebault... »

XIX⁰ siècle. Papier. 408 pages. 230 sur 175 millim. Demi-rel.
(Ancien n° 306.)

397-438. Papiers et manuscrits du mathématicien Francœur.
(1773-1849.)

397. « Traduction de mémoires extraits des journaux et ouvrages anglais, allemands et italiens », par Francœur.

XIX⁰ siècle. Papier. 270 pages. 200 sur 148 millim. Demi-rel.
(Ancien n° 307.)

398. « Développement des calculs de tous les passages et exemples cités dans la 3⁰ édition du Cours de mathématiques pures. Tome I⁰ʳ »,
par Francœur.

XIX⁰ siècle. Papier. 280 pages. 200 sur 150 millim. Demi-rel.
(Ancien n° 308.)

399. « Notes et calculs pour la 3⁰ édition de mon Cours de mathématiques (1827), et développemens de toutes les formules et opérations qu'on ne peut faire de suite et à vue », par Francœur.

XIX⁰ siècle. Papier. 330 pages. 220 sur 150 millim. Cartonné.
(Ancien n° 309.)

400. « Mécanique analytique, rédigée d'après les écrits de La Grange et La Place et d'après les leçons de Biot au Collège de France », par Francœur.

XIX⁰ siècle. Papier. 700 pages. 215 sur 160 millim. Demi-rel.
(Ancien n° 310.)

401. « Calcul différentiel et intégral », par Francœur.

XIX⁰ siècle. Papier. 494 pages. 220 sur 170 millim. Demi-rel.
(Ancien n° 311.)

402. Calcul des probabilités, par Francœur.

XIX⁰ siècle. Papier. 168 pages. 310 sur 200 millim. Demi-rel.
(Ancien n° 312.)

403. « Analyse appliquée à la géométrie. Trois dimensions », par Francœur.

> XIXᵉ siècle. Papier. 410 pages. 230 sur 180 millim. Demi-rel. (Ancien n° 313.)

404-405. Traité d'algèbre supérieure, par Francœur.
Tome Iᵉʳ. — 306 pages.
Tome II. — 368 pages.

> XIXᵉ siècle. Papier. 2 volumes. 285 sur 200 millim. Demi-rel. (Ancien n° 314.)

406. « Éléments de calcul intégral », par Francœur.

> XIXᵉ siècle. Papier. 208 feuillets. 325 sur 210 millim. Demi-rel. (Ancien n° 315.)

407. « Notes prises aux leçons de Clément, au Conservatoire des Arts et Métiers, rue Sᵗ Martin. Cours de 1823 à 1824 », par Francœur.

> XIXᵉ siècle. Papier. 176 pages. 160 sur 105 millim. Demi-rel. (Ancien n° 316.)

408-409. I. « Formulaire ou exposé des principales loix des arts et sciences mécaniques et mathématiques (1796) », par Francœur. — 62 feuillets.
II. Un second exemplaire. — 66 pages.

> XVIIIᵉ siècle. Papier. 230 sur 150 millim. Cartonné. (Ancien n° 317.)

410. « Résumé des leçons de mathématiques du Cᵉⁿ Prony », par Francœur.

> XIXᵉ siècle. Papier. 280 pages. 330 sur 215 millim. Demi-rel (Ancien n° 318.)

411. « Cahier d'observations astronomiques (1825) », par Francœur.

> XIXᵉ siècle. Papier. 274 pages. 190 sur 130 millim. Demi-rel. (Ancien n° 319.)

412. « Développement des calculs et explications relatives à la 4ᵉ édition de l'Uranographie », par Francœur.

XIXᵉ siècle. Papier. 144 pages. 200 sur 150 millim. Cartonné. (Ancien nº 320.)

413. « Notes, observations et calculs de la 1ʳᵉ édition de ma Géodésie », par Francœur.

XIXᵉ siècle. Papier. 248 pages. 210 sur 135 millim. Cartonné. (Ancien nº 321.)

414. « Cours de géodésie fait à la Faculté des Sciences pendant l'année scolaire 1826-1827 », par Francœur.

XIXᵉ siècle. Papier. 224 pages. 205 sur 130 millim. Demi-rel. (Ancien nº 322.)

415. Problèmes de géométrie, par Francœur.

XIXᵉ siècle. Papier. 158 pages. 205 sur 165 millim. Cartonné. (Ancien nº 323.)

416. Problèmes divers par Francœur; suivis de principes de musique. (Imprimés et manuscrits.)

XIXᵉ siècle. Papier. 270 pages. 180 sur 115 millim. Cartonné. (Ancien nº 324.)

417. Notes et calculs relatifs à la 4ᵉ édition de mon Cours de mathématiques pures (1837) », par Francœur.

XIXᵉ siècle. Papier. 310 pages. 195 sur 150 millim. Cartonné. (Ancien nº 325.)

418. « Flore parisienne selon les familles naturelles, disposées selon les principes de M de Candolle. Seconde édition, par L.-B. Francœur, professeur à la Faculté des sciences de Paris (1835). »

XIXᵉ siècle. Papier. 312 pages. 155 sur 100 millim. Cartonné. (Ancien nº 326.)

419. Flore parisienne, par Francœur (1ʳᵉ édition 1801).

XIXᵉ siècle. Papier. 162 pages. 160 sur 105 millim. Cartonné (Ancien nº 327.)

420. « Extraits propres aux herborisations des environs de Paris, faits d'après les systèmes de Jussieu, Linnée et Lamarck ; an VII. »

XVIII⁰ siècle. Papier. 354 pages. 135 sur 125 millim. Rel. veau. (Ancien n° 328.)

421. « Extraits de divers ouvrages de botanique appropriés aux herborisations », par Francœur.

XIX⁰ siècle. Papier. 298 pages. 180 sur 140 millim. Rel. veau. (Ancien n° 329.)

422-423. « Extraits par tableaux de la Flore française, par le Cᵉⁿ Lamark », par Francœur.

XIX⁰ siècle. Papier. 2 volumes. 172 et 170 pages. 170 sur 105 millim. Rel. veau. (Ancien n° 330.)

424. « Classification des plantes », par Francœur.

XIX⁰ siècle. Papier. 110 pages. 180 sur 115 millim. Cartonné. (Ancien n° 331.)

425. « Copie d'un cahier d'entomologie de Duméril, faite d'après le manuscrit même de l'auteur, par Francœur. »

XIX⁰ siècle. Papier. 154 pages. 180 sur 120 millim. Cartonné. (Ancien n° 332.)

426. « Entomologie. Rédaction faite d'après les leçons de Duméril à l'École Centrale du Panthéon ; an XII », par Francœur.

XIX⁰ siècle. Papier. 194 pages. 180 sur 115 millim. Cartonné. (Ancien n° 333.)

427. « Éléments de zoologie, extraits de M. Cuvier », par Francœur.

XIX⁰ siècle. Papier. 120 pages. 180 sur 110 millim. Cartonné (Ancien n° 334.)

428. « Flore analytique des environs de Paris », par Francœur.

XIX⁰ siècle. Papier. 314 pages. 150 sur 95 millim. Demi-rel. (Ancien n° 335.)

429. « Faune parisienne, extraite des ouvrages de Latreille et autres, dans les années 1819-1820 », par Francœur.

XIXᵉ siècle. Papier. 236 pages. 180 sur 120 millim. Cartonné. (Ancien n° 336.)

430. « Flore analytique des environs de Paris », par Francœur.

XIXᵉ siècle. Papier. 286 pages. 150 sur 195 millim. Rel. veau. (Ancien n° 337.)

431. « Flore parisienne, suivant la méthode de Jussieu ; revue et corrigée par l'examen des espèces vues vivantes », par Francœur.

XIXᵉ siècle. Papier. 310 pages. 145 sur 90 millim. Cartonné. (Ancien n° 338.)

432. « Flore parisienne, selon la méthode du Jardin des Plantes de Paris. Seconde édition », par Francœur.

XIXᵉ siècle. Papier. 310 pages. 165 sur 115 millim. Demi-rel. (Ancien n° 339.)

433. « Flore parisienne, selon la méthode du Jardin du Roi. 2ᵉ édition, revue et corrigée d'après l'observation des plantes vivantes, et augmentée des plantes cryptogames et de tableaux analytiques. — Tome II, contenant les plantes phanérogames », par Francœur.

XIXᵉ siècle. Papier. 282 pages. 160 sur 100 millim. Demi-rel. (Ancien n° 340.)

434. « Flore parisienne, extraite de la Flore française de M. Decandolle (1836) », par M. Francœur.

XIXᵉ siècle. Papier. 108 pages. 150 sur 95 millim. Rel. veau. (Ancien n° 341.)

435. « Catalogue des plantes de mon herbier », par Francœur. — Tome Iᵉʳ, Cryptogames.

XIXᵉ siècle. Papier. 116 pages. 160 sur 100 millim. Demi-rel. (Ancien n° 342.)

436. « Catalogue des plantes de mon herbier », par Francœur. — Tome II. Dicotylédones.

XIX° siècle. Papier. 190 pages. 165 sur 115 millim. Demi-rel. (Ancien n° 343.)

437. Entomologie des coléoptères, par Francœur.

XIX° siècle. Papier. 70 pages. 135 sur 195 millim. Cartonné. (Ancien n° 344.)

438. « Insectes, selon La Treille. Classe Ire. Coléoptères », par Francœur.

XIX° siècle. Papier. 186 pages. 180 sur 115 millim. Cartonné. (Ancien n° 344 *bis*.)

439-445. Manuscrits du baron de Triqueti (1804-1874).

439. « Notes pour l'œuvre de R. Parkes Bonington », par H. de Triqueti.

XIX° siècle. Papier. 20 feuillets. 200 sur 165 millim. Demi-rel. (Ancien n° 345.)

440. Catalogue de l'œuvre de Nicolas Poussin, par H. de Triqueti.

XIX° siècle. Papier. 156 pages. 190 sur 150 millim. Demi-rel. (Ancien n° 346.)

441. Notice sur les procédés d'exécution de la chapelle de Windsor, par H. de Triqueti.

XIX° siècle. Papier. 50 feuillets. 210 sur 170 millim. Demi-rel. (Ancien n° 347.)

442. Catalogue de gravures et lithographies d'après Decamps et Lemud, par H. de Triqueti.

XIX° siècle. Papier. 52 feuillets. 190 sur 135 millim. Demi-rel. (Ancien n° 348.)

443. « Catalogue de l'œuvre de Th. Géricault », par H. de Triqueti.

XIX° siècle. Papier. 66 feuillets. 190 sur 135 millim. Cartonné. (Ancien n° 348 *bis*.)

444-450. Manuscrits du baron de Girardot (1815-1883).

444-446. Description de la cathédrale de Bourges, par le baron de Girardot.

444. Tome Ier. — 389 feuillets. — 280 sur 220 millim.
445. — II. — 179 feuillets. — 280 sur 220 millim.
446. — III. — 436 feuillets. — 630 sur 580 millim.
Publié en 1849, avec la collaboration de Mr Durand.

XIXe siècle. Papier. 3 volumes. Cartonnés. (Ancien n° 349.)

447. Histoire du chapitre de Bourges, par le baron de Girardot. (Publié en 1853.)

XIXe siècle. Papier. 237 feuillets. 280 sur 240 millim. Cartonné. (Ancien n° 350.)

448. Notes archéologiques sur le Berry, par le baron de Girardot.

XIXe siècle. Papier. 322 feuillets. 280 sur 220 millim. Cartonné. (Ancien n° 351.)

449. Histoire et inventaire du trésor de Saint-Étienne de Bourges, par le baron de Girardot. (Publié en 1859).

XIXe siècle. Papier. 244 pages. 280 sur 220 millim. Cartonné. (Ancien n° 352.)

450. « Les artistes de la ville et de la cathédrale de Bourges », par le baron de Girardot. (Publié en 1861, in-8°).

XIXe siècle. Papier. 396 feuillets et 8 planches. 280 sur 220 millim. Cartonné. (Ancien n° 353.)

451-476. Papiers d'Alfred Michiels (1813-1892).
451. « Memlinc et ses élèves, notes et documents », par A. Michiels.

XIXe siècle. Papier. 267 feuillets. 320 sur 240 millim. Cartonné. (Ancien n° 354.)

452-453. « Memlinc et ses continuateurs », par A. Michiels. (Imprimés et manuscrits.)

XIXe siècle. Papier. 2 volumes. 317 et 300 feuillets. 240 sur 190 millim. Cartonné. (Ancien n° 354 *bis*.)

454. « Memlinc et ses continuateurs, notes et documents », par A. Michiels. (Imprimés et manuscrits.)

XIXe siècle. Papier. 175 feuillets. 265 sur 190 millim. Cartonné. (Ancien n° 354 *ter*.)

455. « Histoire de la Peinture flamande », par A. Michiels. (Imprimés et manuscrits.)

XIXᵉ siècle. Papier. 246 feuillets. 230 sur 175 millim. Cartonné. (Ancien nᵒ 355.)

456. « Histoire de l'Art flamand. — Nouvelle édition. — Bibliothèque Gilon », par A. Michiels. (Imprimés et manuscrits.)

XIXᵉ siècle. Papier. 540 feuillets. 235 sur 175 millim. Cartonné. (Ancien nᵒ 356.)

457. « Histoire de la Peinture flamande. Anciennes notes pour la première édition », par A. Michiels.

XIXᵉ siècle. Papier. 85 feuillets. 220 sur 170 millim. Cartonné. (Ancien nᵒ 357.)

458. « Notes sur l'histoire de la peinture, février 1886 », par A. Michiels.

XIXᵉ siècle. Papier. 296 feuillets. 220 sur 175 millim. Cartonné. (Ancien nᵒ 358.)

459. Histoire de la Peinture flamande par A. Michiels. (Imprimés et manuscrits.)

XIXᵉ siècle. Papier. 209 feuillets et 2 planches. 230 sur 180 millim. Cartonné. (Ancien nᵒ 359.)

460. « Notes sur l'histoire de la Peinture flamande 15 avril 1891 », par A. Michiels.

XIXᵉ siècle. Papier. 162 feuillets. 220 sur sur 170 millim. Cartonné. (Ancien nᵒ 359 *bis*.)

461. « Les Maîtres flamands et hollandais. — Nouvelle édition. — Bibliothèque Gilon », par A. Michiels. (Imprimés et manuscrits.)

XIXᵉ siècle. Papier. 208 feuillets. 240 sur 190 millim. Cartonné. (Ancien nᵒ 360.)

462. « Histoire de l'Art flamand, Rubens et l'École d'Anvers », par A. Michiels. (Imprimés et manuscrits.)

XIXᵉ siècle. Papier. 203 feuillets et 5 planches. 230 sur 180 millim. Cartonné. (Ancien nᵒ 360 *bis*.)

463. Notes sur Rembrandt, par A. Michiels. (Imprimés et manuscrits.)

XIX⁰ siècle. Papier. 210 feuillets et 3 planches. 215 sur 170 millim. Cartonné. (Ancien n° 361.)

464. « Van Dyck. Notes et renseignements pour une seconde édition », par A. Michiels, avec des notes sur Sustermans, Sophonisbe, Frutel, Gerbier etc. (Imprimés et manuscrits.)

XIX⁰ siècle. Papier. 289 feuillets et 1 planche. 245 sur 180 millim. Cartonné. (Ancien n° 362.)

465. « Notes sur la Peinture », par A. Michiels. (Imprimés et manuscrits.)

XIX⁰ siècle. Papier. 120 feuillets. 210 sur 130 millim. Cartonné. (Ancien n° 363.)

466. « La famille Horenbaut, Bréviaire Grimani, Marmion et autres », Robert Campin, Jean de Maubeuge, Gérard David, Quentin Metsys, Hugo van der Goes..., par A. Michiels. (Imprimés et manuscrits.)

XIX⁰ siècle. Papier. 315 feuillets et 3 planches. 230 sur 180 millim. Cartonné. (Ancien n° 364.)

467. Histoire de la peinture. Notes sur divers peintres flamands, — sur l'église de Thann, — sur un tableau de Hugo van der Goes, à l'hôpital de Santa-Maria de Florence, par A. Michiels.

XIX⁰ siècle. Papier. 1 volume. Cartonné. (Ancien n° 365.) — *En déficit*.

468. « Archéologie. » Extraits de divers auteurs, réunis par A. Michiels.

XIX⁰ siècle. Papier. 190 feuillets et 5 dessins. 220 sur 170 millim. Cartonné. (Ancien n° 366.)

469. « Les frères Van Eyck et leurs élèves directs », par A. Michiels. (Imprimés et manuscrits.)

XIX⁰ siècle. Papier. 305 feuillets. 230 sur 190 millim. Cartonné. (Ancien n° 367.)

470. « Watteau et son école. Notes et préparations », par A. Michiels, avec notes sur Pater. (Imprimés et manuscrits.)

XIXᵉ siècle. Papier. 179 feuillets. 235 sur 185 millim. Cartonné (Ancien n° 368.)

471. Notes de voyage d'A. Michiels. (Angleterre, France, Hollande, Belgique.)

XIXᵉ siècle. Papier. 69 feuillets. 170 sur 105 millim. Cartonné. (Ancien n° 369.)

472. « Notes sur l'histoire de la peinture. Avril 1880 à février 1886 », par A. Michiels. (Imprimés et manuscrits.)

XIXᵉ siècle. Papier. 204 feuillets et 4 planches. 215 sur 175 millim. Cartonné. (Ancien n° 370.)

473. Exposition rétrospective à Bruxelles en 1886 ; les faux Lambert-Lombard, par A. Michiels. — Paquets de notes et extraits de journaux.

XIXᵉ siècle. Papier. 55 feuillets. 190 sur 135 millim. Cartonné. (Ancien n° 371.)

474. Histoire de la Peinture flamande, notes sur Hugo van der Goes, Henri à la Houppe, David Téniers, Jacques d'Arthois et la famille Huysmans, Pierre Velrich et Charles d'Ypres, Memlinc…, par A. Michiels. (Imprimés et manuscrits.)

XIXᵉ siècle. Papier. 102 feuillets. 180 sur 120 millim. Cartonné. (Ancien n° 372.)

475. Notes et renseignements sur Jean Perréal et Corneille de Lyon, Noël de Lyon, Fra Angelico, Pedro Campana etc., par A. Michiels. (Imprimés et manuscrits.)

XIXᵉ siècle. Papier. 418 feuillets et 43 planches. 280 sur 183 millim. Cartonné. (Ancien n° 373.)

476. Correspondance de M. Alfred Michiels. Lettres de MM. Scheibler, Lenglart, Lebrun-Dalbanne, P. Foucart, Evaraerts, J. Hübner, Gérard, Bolletot, Gamba, etc.

XIXᵉ siècle. Papier. 370 feuillets. 280 sur 220 millim. Cartonné. (Ancien n° 374.)

477. Psautier.

Fol. 1. Calendrier, en latin. — Fol. 30. Psaumes. — Fol. 232. Cantiques. — Fol. 251 v°. Antiennes et répons pour quelques fêtes de l'année. — Fol. 270. Vigiles des morts.

Deux miniatures collées postérieurement : S¹ Matthieu (XVᵉ siècle, fol. 29), saint Barthélemy (XVIᵉ siècle, fol. 251). Petites initiales historiées.

> XIIIᵉ siècle (les feuillets 1-28 et 251-279 sont du XVᵉ siècle). Parchemin. 279 feuillets. 93 sur 57 millim. Rel. en basane rouge. (Don Chenavard, 1889. — Ancien n° 375.)

478. Livre d'Heures.

Fol. 1. Le manuscrit est incomplet ; il commence par les mots : « ejus in confessione et in psalmis jubilemus... ». — Fol. 46. Oraison à Notre-Dame, suivie d'antiennes et de répons pour les fêtes de quelques saints. — Fol. 57. Psaumes pénitentiaux. — Fol. 114. Office des morts. — Fol. 118. « Cy commence XV. joie Nostre Dame. » — Fol. 133 v°. « Le pape Innocent conferma ceste oroison qui s'ensuit et donna CC. jours de pardon... » — Fol. 138 v°. Prières en latin et en français, d'une écriture du XVᵉ siècle, comme le reste du manuscrit. — Fol. 143. Oraison pour laquelle le pape Benoit XII accorde des indulgences. Début : « Precor te, pissime Domine Jhesu Christe, propter illam caritatem... » — Fol. 146. « Hic secuntur versus sancti Bernardi. »

Au folio 1 on lit : « D. Montfort, religieux et chantre à S¹ Estienne de Nevers. » Ce nom se retrouve aux fol. 135 v° et 136. Initiales ornées

> XIVᵉ siècle. Parchemin. 146 feuillets. 165 sur 115 millim. Rel. mod. en veau. (Don Chenavard, 1889. — Ancien n° 376.)

479. Livre d'Heures.

Fol. 2. Calendrier, en latin. — Fol. 14. Leçons des Évangiles. — Fol. 28. Heures suivies des psaumes de la pénitence, des litanies et d'oraisons. — Fol. 167. Vigiles des morts. — Fol. 233. Antiennes à la Trinité, antiennes et répons pour les fêtes de quelques saints.

Dix miniatures : Annonciation (fol. 28) ; — Nativité (fol. 72) ; — Annonciation aux bergers (fol. 79) ; — Présentation au temple (fol. 91) ; — Fuite en Égypte (fol. 97) ; — Couronnement de la Vierge (fol. 108) ; — le roi David en prières (fol. 128) ; — le Christ en croix (fol. 157) ; — Pentecôte (fol. 162) ; — Job (fol. 167).

Au fol. 242 : médaillon avec 2 D entrelacés, un marteau, des tenailles, une verge, un fouet, le mot *IHS* et la légende : *Trinitas est una substantia*.

XVe siècle. Parchemin. 242 feuillets. 165 sur 110 millim. Rel. mod. en parchemin. (Don Chenavard, 1889. — Ancien nᵒ 377.)

480. Livre d'Heures.

Incomplet du commencement et de la fin.

Fol. 2. « Ad completorium. Deus in adjutorium meum intende. Domine ad adjuvandum me festina... » — Fol. 5. « Secundum Matheum. » — Fol. 7. « Oratio ad Virginem. » — Fol. 9. « Secundum Marcum », etc.

Dix miniatures : Visitation (fol. 2); Couronnement de la Vierge (fol. 4 vᵒ); S. Matthieu (fol. 5); Pietà (fol. 7); S. Luc (fol. 9); S. Jean, dans l'île de Patmos (fol. 11); la Vierge et l'enfant Jésus (fol. 12 vᵒ); S. Marc (fol. 13); Adoration des Mages (fol. 16 vᵒ); Annonciation aux bergers (fol. 17).

Le premier feuillet est formé par un fragment d'un livre d'Heures imprimé et peint, avec la représentation de l'Annonciation (fin du XVe siècle ou commencement du XVIe.)

XVe siècle. Parchemin. 32 feuillets. 165 sur 120 millim. Cartonné. (Don Chenavard, 1889. — Ancien nᵒ 378.)

481. Livre d'Heures.

Fol. 1. Calendrier, en français. — Fol. 14. Heures de la Croix. — Fol. 22. Heures du St Esprit. — Fol. 44. Heures de Notre-Dame. — Fol. 118. Psaumes de la pénitence, suivis des litanies des saints et de diverses oraisons. — Fol. 147. Vigiles des morts, suivies d'oraisons. — Fol. 194. « S'ensieut les viii. viers saint Bernaart. »

Onze miniatures : Crucifixion (fol. 13 vᵒ); — Pentecôte (fol. 21 vᵒ); Annonciation (fol. 43 vᵒ); — Visitation (fol. 62 vᵒ); — Nativité (fol. 74 vᵒ); — Annonciation aux bergers (fol. 79 vᵒ); — Présentation au temple (fol. 88 vᵒ); — Fuite en Égypte (fol. 93 vᵒ); — Massacre des Innocents (Fol. 102 vᵒ); — Le roi David en prières (fol. 117 vᵒ); — Un enterrement (fol. 146 vᵒ) — Petites initiales historiées et ornées; animaux peints dans les marges.

XVe siècle. Parchemin. 195 feuillets. 227 sur 155 millim. Rel. du XVIe siècle, en veau brun estampé. (Don Lesoufaché, 1889. — Ancien nᵒ 379.)

482. Livre d'Heures.

Fol. 1. Calendrier, en français. — Fol. 13. Leçons des Évangiles. — Fol. 21. Oraison à la Vierge. — Fol. 29. Heures de la Vierge. — Fol. 83. Heures de la Croix. — Fol. 86. Heures du S‘ Esprit. — Fol. 91. Psaumes de la pénitence, suivis des litanies des saints. — Fol. 109. Vigiles des morts. — Fol. 139. Oraison à la Vierge, en français. — Fol. 144. Oraison à Dieu le Père.

Quinze miniatures : Les quatre Évangélistes (fol. 13); — Piéta (fol. 21); — Annonciation (fol. 29); — Visitation (fol. 40); — Nativité (fol. 55); — Annonciation aux bergers (fol. 60 v°); — Adoration des mages (fol. 64); — Présentation au temple (fol. 67); — Fuite en Égypte (fol. 70 v°); — Couronnement de la Vierge (fol. 76 v°); — Crucifixion (fol. 83); — Pentecôte (fol. 86 v°); — Le roi David en prières (fol. 91); — Un enterrement (fol. 109); — La Vierge et l'enfant Jésus, avec un personnage agenouillé (fol. 139). — Encadrements du calendrier avec signes du zodiaque. Personnages, grotesques et animaux peints dans les marges.

Au fol. 21, on remarque un écusson, soutenu par deux anges, avec les armes : *d'azur, à trois griffons d'or,* et les initiales C. I. Ces armes se retrouvent sur le costume du personnage agenouillé devant la Vierge, au fol. 139. — N° 73 du catalogue de la vente Yemeniz (1867).

XV‘ siècle. Parchemin. 147 feuillets. 215 sur 165 millim. Rel. du XVI‘ siècle, en veau brun estampé, à compartiments dorés et avec fermoirs. (Don Lesoufaché, 1889. — Ancien n° 380.)

483. Livre d'Heures.

Fol. 1. Calendrier, en français. — Fol. 13. Leçons des Évangiles, suivies d'oraisons. — Fol. 29. Heures de la Vierge (le commencement manque). — Fol. 90 v°. Heures de la Croix. — Fol. 100. Heures du S‘-Esprit. — Fol. 111. Psaumes de la pénitence, suivis des litanies des saints. — Fol. 132. Vigiles des morts. — Fol. 175. Oraison à la Vierge, en français. — Fol. 181. Oraison à Dieu le Père. — Fol 187. Oraisons diverses. — Fol. 193. « Memoire des V. festes Nostre Dame. » — Fol. 194 v°. « Les VII. joies Nostre Dame, » suivies d'oraisons pour les fêtes de quelques saints.

Douze petites miniatures assez fines : Visitation (fol. 51); — Nativité (fol. 62); — Annonciation aux bergers (fol. 67 v°); — Présentation au temple (fol. 74 v°); — Fuite en Égypte (fol. 79); — Couronnement de la Vierge (fol. 85 v°) ; — Crucifixion (fol. 90 v°) ; — Pentecôte (fol. 100) ; — Le roi David en prières (fol. 111) ; — Un enterrement (fol. 132) ; — La Vierge et l'enfant Jésus (fol. 175) ; — Le Christ de majesté sacrificateur (fol. 181).

Commencement du XV° siècle. Parchemin. 214 feuillets. 178 sur 120 millim. Rel. du XVI° siècle, en veau brun estampé. (Don Lesoufaché, 1889. — Ancien n° 381.)

484. Livre d'Heures.

Fol. 4. Calendrier, en français. — Fol. 16. Leçon des Évangiles. — Fol. 30. Heures de la Vierge. — Fol. 69. Psaumes de la pénitence, suivis des litanies des saints. — Fol. 85 v°. Les matines de la Croix. — Fol. 91 v°. Vigiles des morts. — Fol. 120. Oraison à la Vierge, en français (le commencement manque). — Fol. 124 v°. Oraison à Dieu le Père, en français.

Sept miniatures : Les quatre Évangélistes (fol. 16) ; — Annonciation (fol. 30) ; — Nativité (fol. 52) ; — Le roi David en prières (fol. 69) ; — Crucifixion (fol. 86) ; — Pentecôte (fol. 89) ; — Un enterrement (fol. 92).

XV° siècle. Parchemin. 127 feuillets (les trois premiers blancs). 185 sur 135 millim. Rel. moderne en velours et à fermoirs. (Don Lesoufaché, 1889. — Ancien n° 382.)

485. Livre d'Heures.

Fol. 1. Calendrier, en français. — Fol. 13. Leçons des Évangiles. — Fol. 19. Oraisons à la Vierge. — Fol. 27. Heures de la Vierge. — Fol. 79. Psaumes de la pénitence, suivis des litanies des saints et d'oraisons. — Fol. 96. Heures de la Croix. — Fol. 100. Heures du S¹-Esprit. — Fol. 103. Vigiles des morts. — Fol. 149. Oraison à la Vierge, en français. — Fol. 153 v°. « Les V. playes Nostre Seigneur. » — Fol. 158. Oraison à S¹ Nicolas. — Fol. 164. Psaumes et oraisons divers.

Sept miniatures : S¹ Jean l'Évangéliste dans l'île de Patmos (fol. 13) ; — Annonciation (fol. 27) ; — Le roi David en prières (fol. 79) ; — Crucifixion (fol. 96) ; — Pentecôte (fol. 100) ; — Un enterrement (fol. 103) ; — S¹ Nicolas (fol. 158). — Petites initiales historiées.

XV° siècle. Parchemin. 176 feuillets. 155 sur 115 millim. Rel. moderne. (Don Lesoufaché, 1889. — Ancien n° 383.)

486. Livre d'Heures.

Fol. 1. Calendrier, en français. — Fol. 13. Leçons des Évangiles. — Fol. 22. Psaumes des Heures de la Vierge. — Fol. 73. Psaumes de la pénitence, suivis des litanies des saints. — Fol. 92. Heures de la Croix. — Fol. 96. Heures du St-Esprit. — Fol. 99 vº. Vigiles des morts. — Fol. 132 vº. Oraison à la Vierge, en français. — Fol. 138 vº. Oraison à Dieu le Père, en français, suivie d'oraisons pour les fêtes de quelques saints.

Douze miniatures. Annonciation (fol. 22); — Visitation (fol. 33 vº); — Annonciation aux bergers (fol. 50 vº); — Adoration des mages (fol. 54 vº); — Présentation au temple (fol. 58); — Fuite en Égypte (fol. 62); — Couronnement de la Vierge (fol. 66); — Le roi David en prières (fol. 73); — Crucifixion (fol. 92); — Pentecôte (fol. 96); — Un enterrement (fol. 99 vº); — Pietà (fol. 132 vº).

> XVᵉ siècle. Parchemin. 157 feuillets. 160 sur 115 millim. Rel. en maroquin rouge, du XVIIIᵉ siècle, avec dentelle. (Don Lesoufaché, 1889. — Ancien nº 384.)

487. Livre de prières, en latin et en français.

Fol. 2. « Oratio contra gravellam. » — Fol. 2 vº. Oraisons diverses. — Fol. 16. Calendrier, en latin. — Fol. 28 vº. Antiphona ad matutinas », suivie de plusieurs prières. — Fol. 43. « Commemoration des troys Roiz. » — Fol. 45 vº. Oraison écrite à Sᵗ Jean de Latran à Rome. — Fol. 48 vº. Oraison avant la confession. — Fol. 56 vº. Cycle solaire, suivi d'un calendrier perpétuel. — Fol. 59 vº. Antiennes et répons pour les fêtes de quelques saints. — Fol. 65. Rosaire.

Cinquante et une miniatures : Le Christ en croix (fol. 12 et vº); — Saints divers (fol. 55 rº et vº); — Annonciation (fol. 65 vº); — Visitation (fol. 66): — Nativité (fol. 66 vº); — La Vierge et l'enfant Jésus (fol. 67 rº et vº, 68); — Adoration des bergers (fol. 68 vº); — Présentation au temple (fol. 69); — Adoration des mages (fol. 69 vº); — Dieu apparaissant à la Vierge (fol. 70); — La Vierge et l'enfant Jésus (fol. 70 vº); — Fuite en Égypte (fol. 71); — Jésus au milieu des docteurs (fol. 71 vº); — la Vierge, Joseph et l'Enfant Jésus (fol. 72); — Baptême du Christ (fol. 72 vº); — Tentation du Christ (fol. 73); — Noces de Cana (fol. 73 vº); — Jésus prêchant (fol. 74); — Résurrection de Lazare (fol. 74 vº); — Marie-Madeleine aux pieds du Christ (fol. 75); — Cène (fol. 75 vº); — La Vierge et l'enfant Jésus (fol. 76); —

Le Christ au Jardin des oliviers (fol. 76 v°) ; — Baiser de Judas (fol. 77) ; — Le Christ devant Pilate (fol. 77 v°) ; — Le Christ insulté et condamné (fol. 78-80 v°) ; — Portement de croix (fol. 81) ; — La Vierge et l'enfant Jésus (fol. 81 v°) ; — Le Christ cloué sur la croix (fol. 82) ; — Le Christ en croix (fol. 82 v°-85 v°) ; — La Vierge et l'enfant Jésus (fol. 86) ; — Déposition de croix (fol. 86 v°) ; — Mise au tombeau (fol. 87) ; — Descente aux enfers (fol. 87 v°) ; — Résurrection (fol. 88) ; — Apparition du Christ aux apôtres (fol. 88 v°) ; — Ascension (fol. 89) ; — Pentecôte (fol. 89 v°) ; — La Vierge montant au ciel (fol. 90) ; — Jugement dernier (fol. 90 v°) ; — Couronnement de la Vierge (fol. 91) ; — La Vierge et l'enfant Jésus, avec un personnage agenouillé (fol. 91 v°).

XV⁰ siècle. Parchemin. 94 feuillets. 85 sur 65 millim. Rel. anc. en veau estampé. (Don Lesoufaché, 1889. — Ancien n° 385.)

488. Livres d'Heures.

Fol. 3. Calendrier, en latin. — Fol. 18. Heures de la Croix. — Fol. 23. Heures du St-Esprit. — Fol. 36. Heures de la Vierge. — Fol. 118. Psaumes de la pénitence, suivis des litanies des saints et d'oraisons. — Fol. 140. Vigiles des morts. — Fol. 178. « Incipit Psalterium sancti Jheronymi confessoris. » — Fol. 188 v°. Oraison à la Vierge. Incomplet de la fin.

Treize miniatures. La sainte Face (fol. 15 v°) ; — Pentecôte (fol. 22 v°) ; — Annonciation (fol. 27 v°) ; — La Vierge et l'enfant Jésus (fol. 35 v°) ; — Nativité (fol. 70 v°) ; — Annonciation aux bergers (fol. 76 v°) ; — Adoration des mages (fol. 82 v°) ; — Présentation au temple (fol. 87 v°) ; — Massacre des Innocents (fol. 92 v°) ; — Fuite en Égypte (fol. 101 v°) ; — Couronnement de la Vierge (fol. 107 v°) ; — Résurrection de Lazare (fol. 139 v°) ; — St Jérôme aux pieds du crucifix (fol. 177 v°). — Les pages du calendrier offrent des encadrements avec les signes du zodiaque, les travaux et les occupations des mois.

XV⁰ siècle. Parchemin. 190 feuillets. 95 sur 65 millim. Rel. moderne en basane à fermoirs. (Don Lesoufaché, 1889. — Ancien n° 386.)

489. Recueil d'oraisons, en français.

Fol. 1. « La première oraison qui fut composée en Nazareth par sainct Symeon. » — Fol. 2. « La seconde oraison prononcée par sainct

Narcisse en Bethléem. » — Fol. 3 « La tierce oraison fut composée au Mont de Thabor par sainct Jude. » — Fol. 4 v°. « Quarte oraison composée par sainct Cosme Hierosolimitain sur le mont de Syon. » — Fol. 5 v°. « La quinte oraison composée par sainct Marc, evesque de Hydronte, sur les mysteres du sainct mont d'Olivet. » — Fol. 7. « La sixiesme oraison composée par saint Hicrosme sur le très sainct mont de Calvaire. » — Fol. 8 v°. « La septiesme oraison composée par sainct André sur le très sainct sepulchre de Nostre Seigneur. » — Fol. 9 v°. « La VIIIe oraison composée par saint Gregoyre Nazanzene sur le mont d'Olivet. » — Fol. 11. « La neufviesme oraison qui fut composée par sainct Jehan Damascene en la vallée de Josaphat. » — Fol. 12 v°. « La dixiesme oraison composée par sainct Effrem au temple de Salomon. » — Fol. 14 v^a. « Oraison d'ung pellerin fransoys, laquelle il fit estant garny du Sainct Esperit, après avoir visité les Sainctz lieux, luy retourné au mont de Calvaire. » — Fol. 16 v°. « Oraison d'ung pellerin d'Allemaigne, laquelle il fit au mont de Calvaire. »

Fol. 19 v°. Prières, ajoutées postérieurement.

En tête des oraisons, 11 petites miniatures.

XVIe siècle. Parchemin. 19 feuillets. 180 sur 115 millim. Rel. en parchemin. (Don Lesoufaché, 1889. — Ancien n° 387.)

490. Récit de la mort et des funérailles de la reine Anne de Bretagne, en janvier 1514, par Pierre Choque, dit Bretagne, roi d'armes.

Fol. 1 v°. Pièce de vers dédicatoire :

> « Noble seigneur, saige, estimé, de Nansot conte,
> Oiiez cestuy escript et ce piteulx conte... »

L'exemplaire aurait donc été offert à un comte de Nansot, qui est qualifié cousin de la reine.

Fol. 2. « Commemoration et advertissement de la mort de très crestienne... princesse... madame Anne... »

Fol. 3. « Si après ensuit la genealogie de la dicte dame. »

Fol. 13. Mort de la reine.

Fol. 14. Récit de ses funérailles à St Denis.

Fol. 53. « Autre commemoration et advertissement de l'enterrement du cueur de la très crestienne royne et duchesse », à Nantes.

Fol. 66. Épitaphe en vers, mise sur le tombeau de la reine, à S' Denis.

Dix miniatures, aux fol. 13 v°, 16, 18, 20 v°, 27, 43, 45, 47 v°, 59, 63, représentant l'exposition du corps de la reine, le cortège funèbre, l'enterrement et le cœur d'or contenant celui de la reine.

Au fol. 1 v°, armes de la défunte. Sur les marges, armoiries des principales villes que traversa le cortège funèbre, depuis Blois jusqu'à Paris. — Au fol. 1 : « Ex libris Nat. Bellotte. 1691 ». Au fol. 1 v°, on lit : « Don Ottavio Secusio ». — N° 67 du catalogue de la vente Didot (1881).

Cf. Le Roux de Lincy, *Vie de la reine Anne de Bretagne...* (Paris, 1860-1861, 4 vol. in-8°), t. IV, p. 221-225.

> XVI° siècle. Parchemin. 66 feuillets. 270 sur 190 millim. Rel. du XVIII° siècle, en maroquin rouge, avec la croix de Malte au centre et aux angles des plats. (Don Lesoufaché, 1889. — Ancien n° 388.)

491. « Le sacre, couronnement, triumphe et entrée de la très crestienne royne et duchesse ma souveraine dame et maitresse madame Claude de France... et sa reception faicte à Paris » (10 et 12 mai 1517).

Cinq miniatures : la Grand'messe dite à Saint-Denis par le cardinal Jean de Luxembourg (fol. 14 v°), le Couronnement symbolique de la Reine (fol. 28), le Symbole des trois genres d'amour (fol. 33 v°), tableau qu'on voyait sur l' « Eschasfault » dressé à l'entrée du Palais-Royal (fol. 36 v°), fronton monumental dressé sur le champ du tournoi (fol. 44).

Fol. 1 v°. Deux anges tenant les armoiries des époux royaux.

N° 68 du catalogue de la vente Didot (1881).

> XVI° siècle. Parchemin. 44 feuillets. 220 sur 150 millim. Rel. moderne, en maroquin citron, à rinceaux d'or. (Don Lesoufaché, 1889. — Ancien n° 389.)

492. « L'entrée et la reception de messieurs les enfans de France, avec la reception de la royne Alienor, qui fut le vendredy premier jour de juillet mil cinq cens et trente. »

Reproduction moderne, faite en 1845, par M. Peyre de la Grave. — N° 2068 du catalogue de vente Monmerqué (1861.)

> XIX° siècle. Parchemin. 4 feuillets. 205 sur 140 millim. Cartonné. (Don Lesoufaché, 1889. — Ancien n° 390.)

493. « Obsèques du roy François Ier » (31 mars 1546).

Ce manuscrit provient d A. Monteil. Il a fait ensuite partie de la collection Sauvageot (n° 859).

Fol. 1. « Ce qui a esté faict pour la conduicte de l'obsèque et pompe funèbre de très hault, très puissant... roy François premier... »

Sur le même feuillet, on lit (d'une écriture du XVIIIe siècle) : « Cette pièce est la copie exacte d'une pareille, qui est dans les manuscrits du grand maistre des cérémonies, en écriture demy-gothique, et qui paroist avoir esté escritte dans le tems. Cette relation doit estre du maistre d'hostel faisant la fonction de maistre des cérémonies à ces obsèques. Ceci est de l'écriture de M^r le marquis de Dreux, grand maistre des cérémonies. Moy, de Bourlamaque, ay transcrit fidellement les six pages manquantes... »

> XVIe siècle. Papier. 17 feuillets (les folios 16 et 17 sont d'une écriture du XVIIIe siècle). 305 sur 205 millim. Rel. en veau brun. (Don Lesoufaché, 1889. — Ancien n° 391.)

494. « Créations du collège des notaires et secrétaires du Roy et maison de France, privilleiges, dons et octrois faictz par les roys de France à icelluy colleige. »

Au verso du feuillet de garde, armes de Jacques Le Prévost, seigneur d'Herblay, conseiller au Parlement de Paris († 1630) : *Échiqueté d'or et de sable, au franc canton d'or, chargé d'un griffon de sable, armé, becqué, et membré de gueules ; à la bordure de gueules, chargée de huit besants d'or.* — N° 443 du catalogue de la vente Yemeniz (1867). — « Ex libris Granian » de la Croix.

> XVIe siècle. Parchemin. 132 feuillets. 200 sur 150 millim. Rel. en veau brun estampé, du XVIe siècle, avec rinceaux d'or. (Don Lesoufaché, 1889. — Ancien n° 392.)

495. « L'art de trancher la viande et toute sorte de fruicts à la mode italienne et nouvellement à la françoise », par sieur Jacques Vontet, écuyer tranchant.

> XVIIe siècle. Papier. 52 feuillets et 37 planches gravées. 245 sur 180 millim. Rel. anc. parchemin. (Don Lesoufaché, 1889. — Ancien n° 393.)

496. « Catalogue des livres de la bibliothèque du Cabinet du Roy, à Versailles, MDCCXXIX. »

XVIIIe siècle. Papier. 434 pages. 300 sur 220 millim. Rel. maroquin rouge, aux armes royales. (Don Lesoufaché, 1889. — Ancien n° 394.)

497. « Libro degli abozzi de disegni delle commissioni, che si fanno in Roma per ordine della Corte (di Portogallo). »

XVIIIe siècle. Papier. 320 pages et 101 dessins originaux (la plupart sont coloriés). 405 sur 260 millim. Rel. veau. (Don Lesoufaché, 1889. — Ancien n° 395).

498. Recueil de pièces fugitives. — Une note imprimée, placée en tête du volume, attribue ces poésies au duc de Nivernais.

Début :

« A madame la marquise de...
Croyez-vous que je les regrette... »

XVIIIe siècle. Papier. 88 pages. 185 sur 120 millim. Rel. maroquin rouge. (Don Lesoufaché, 1889. — Ancien n° 397.)

499. Programmes d'architecture (ateliers Debret et Duban).

XIXe siècle. Papier. 64 feuillets. 200 sur 165 millim. Cartonné. (Don Lesoufaché, 1889. — Ancien n° 398.)

500. « Trattato di architettura di Antonio Filarete (Averulino).... Codice cartaceo in fol° max.....del secolo XVI. « nitide scriptus ».

Copie moderne exécutée d'après le manuscrit de la bibliothèque nationale de Florence par les soins de M. de Maulde.

XIXe siècle. Papier. 528 pages. 310 sur 210 millim. Cartonné. (Ancien n° 399.)

501. Recueil d'architecture de Bonachorso di Vettorio Ghiberti. — Copie moderne.

XIXe siècle. Papier. 207 feuillets et 228 dessins. 295 sur 210 millim. Rel. parchemin. (Ex libris Charles Perkins (Boston). — Ancien n° 400.)

502. Journal de voyage de Bouchard dans le royaume de Naples.

Début : « 13 mars 1632. La guerre estoit tellement preste à esclater entre France et Espagne. » (Cf. *Revue critique*, 1882, p. 14.)

XVIIe siècle. Papier. 308 feuillets. 220 sur 155 millim. Rel. en parchemin. (Acquis du marquis de Chennevières. — Ancien n° 401.)

503. Recueil de pièces sur l'art de la peinture.

Ces pièces sont pour la plupart des analyses et des extraits d'ouvrages imprimés.

Page 1. « L'art de la peinture. »

Page 75. « Entretiens sur la peinture, par André Félibien. »

Page 167. « Réflexions sur la peinture, extraites du Traité sur la peinture, par Richardson. »

Page 219. « Sentiments des plus habiles peintres du temps, recueillis par H. Testelin. »

Page 242. « Extrait du poème sur la Gloire du Val de Grâce », par Molière.

Page 248. « Extrait d'un dialogue sur la connaissance de la peinture, par Charles Coypel. »

Page 260. « Entretien critique et instructif sur la perfection de la peinture. »

Page 360. « Réflexions sur le coloris, extraites de plusieurs auteurs. »

Page 463. « Réflexions sur la peinture, ou explication du traité de M. de Chambray, par M*** . »

Page 504. « Réflexions sur la lumière. »

Page 544. « Remarques sur les estampes et sur les signes par lesquels les peintres et les graveurs ont désigné leurs ouvrages. »

Page 590. « Opticæ axiomata, definitiones... ad usum pictoris accommodatæ. »

Page 697. « La balance des peintres. »

Page 715. Table des matières.

Cf. sur ce manuscrit une note détaillée de A. de Montaiglon, dans le *Bulletin archéologique du Comité des travaux historiques et scientifiques*, 1885, p. 499-508.

XVIIIᵉ siècle. Papier. 680 pages et 8 dessins. 335 sur 220 millim. Rel. en veau. (Ancien nᵒ 402.)

504. « Vite de' pittori, scultori e architetti Bergamaschi, scritte dal conte cavagliere Francesco Maria Tassi, opera postuma. »

Publié à Bergame en 1793, 2 vol. in-4°.

XVIIIᵉ siècle. Papier. 272 pages. 285 sur 180 millim. (Ancien nᵒ 403.)

505. Lettres adressées à l'intendant du palais d'Amsterdam, par le contrôleur des bâtiments royaux, l'intendant général de la maison du roi, etc. (1808.)

> XIXe siècle. Papier. 21 feuillets. 310 sur 200 millim. Cartonné. (Ancien n° 404.)

506. Recherches sur l'histoire de la peinture sur émail, par L. Dussieux. — Publié à Paris, 1848, in-8°.

> XIXe siècle. Papier. 68 feuillets. 205 sur 160 millim. Rel. veau. (Ancien n° 405.)

507. « Catalogue d'un riche et précieux cabinet d'estampes des plus fameux maîtres, italiens, français, flamands, hollandais et anglais, parmi lesquelles se trouvent de très belles suites d'œuvres non reliés, presque toutes des premières épreuves et des mieux conservés, recueillies avec beaucoup de choix par Monsieur N. Marcus », suivi de « Notices sur quelques petites pièces d'A. Dürer et d'autres anciens maîtres. »

> XVIIIe siècle. Papier. 88 pages. 180 sur 110 millim. Cartonné. (Ancien n° 406.)

508. « Catalogue de l'œuvre de Jacques Callot, copié par M. Choarat (?). »

> XVIIIe siècle. Papier. 54 pages. 180 sur 110 millim. Cartonné. (Ancien n° 407.)

509. « Registre contenant les listes des tableaux envoyés par M. le Ministre de l'Intérieur, dans les musées des départements et dans les églises de Paris, etc., depuis l'an VII jusqu'à l'an 1811. »

La plupart des listes ont été publiées par Clément de Ris dans ses *Musées de Province*, d'après les originaux conservés dans les Archives de la Direction des Musées nationaux au Louvre.

> XIXe siècle. Papier. 194 pages. 390 sur 280 millim. Demi-rel. (Ancien n° 408.)

510. « Suite à l'abrégé de la vie des plus fameux peintres, de d'Argenville. Biographies d'artistes [extraites de divers ouvrages rares ou non spéciaux] », par le marquis de Chennevières.

> XIXe siècle. Papier. 502 pages. 255 sur 190 millim. Demi-rel. (Ancien n° 409.)

511. « Premiers éléments ou principes généraux de la géométrie et des mathématiques. »

XIX⁰ siècle. Papier. 29 pages. 160 sur 115 millim. Demi-rel. (Ancien n° 410.)

512. « Introduction à l'architecture, concernant l'origine, les progrès et les révolutions de l'architecture du jardinage, de la sculpture, de la peinture et des ordres d'architecture. Copie des cahiers de J.-F. Blondel, architecte du roi..., par Jean Augustin Bardon. »

XVIII⁰ siècle. Papier. 235 feuillets. 250 sur 200 millim. Rel. parchemin. (Ancien n° 411.)

513. « Notes manuscrites et dessins se rapportant au cours de construction en bois de M. le baron Baude. »

XIX⁰ siècle. Papier. 106 feuillets et 29 dessins. 350 sur 225 millim Cartonné (Ancien n° 412.)

514. « Manuscrit démontrant l'art de fondre en bronze à cire perdue, par E. Gonon (1876). »

XIX⁰ siècle. Papier. 45 feuillets. 310 sur 205 millim. Cartonné. (Ancien n° 413.)

515. Recueil de pièces, imprimées et manuscrites, relatives à la mort et aux obsèques de Canova (1822-1824).

XIX⁰ siècle. Papier. 79 feuillets et 3 planches. 300 sur 210 millim. Cartonné. (Ancien n° 414.)

516. « Nottes de quelques jardins curieux. »

XVIII⁰ siècle. Papier. 46 feuillets. 215 sur 170 millim. Cartonné. (Ancien n° 415.)

517. Traité de l'art des jardins.

XVIII⁰ siècle. Papier. 258 pages. 160 sur 100 millim. Rel. parchemin. (Ancien n° 416.)

518. « Plans, élévations et profils d'un hôtel, projeté par son excellence M. le duc d'Osuna y Benabente, ambassadeur de S. M. le roi d'Espagne à la cour de Vienne, par C.-F. Mandar, architecte ingénieur des Ponts et chaussées, à Paris, 1799. »

XVIIIe siècle. Papier. 19 feuillets. (Ancien n° 417.) — *En déficit.*

519. « Catalogue des dessins de Delaulne et de son école, conservés à la Bibliothèque d'Oxford », par Mme Pattisson (lady Dilke).

XIXe siècle. Papier. 96 feuillets. 220 sur 165 millim. Cartonné. (Ancien n° 418.)

520. Notes sur Étienne Delaulne, par Ph. Burty.

XIXe siècle. Papier. 270 feuillets. 235 sur 150 millim. Rel. parchemin. (Ancien n° 419.)

521. « Projet d'organisation générale pour ceux des travaux publics qui sont distingués par la dénomination de travaux des bâtiments civils (1799). »

XVIIIe siècle. Papier. 22 feuillets. 330 sur 200 millim. Cartonné. (Ancien n° 420.)

522-523. Papiers divers du comte de Caylus.

Tome I, page 1. Avertissement. — P. 5. De la gravure des anciens. — P. 21. De la composition. — P. 43. Des causes de la petite manière de l'École française. — P. 51. De la peinture sur marbre. — P. 55. De quelques espèces de marbre employées par les anciens. — P. 69. De l'étude de la tête en particulier. — P. 75. Ostéologie. — P. 77. Sur ce qu'on appelle « la manière » en peinture, et les moyens de l'éviter. — P. 87. Réplique. — P. 89. Sur le cuivre. — P. 93. Les passions en peinture. — P. 95. L'une des trois manières de peindre en encaustique. — P. 103. Catalogue de tous les peintres.

Tome II, page 3. Avertissement pour son *Recueil d'antiquités.* — P. 15. De l'usage des poèmes par rapport à la peinture. — P. 35. Observations sur quelques parties du costume selon Homère.

XVIIIe siècle. Papier. 2 volumes. 102 et 116 pages. 245 sur 180 millim. Cartonnés. (Ancien n° 421.)

524-527. Manuscrits et notes de l'Histoire générale de l'architecture, de Daniel Ramée.

524. Tome Ier. — 397 feuillets.

525. Tome II. — 270 feuillets.

526. — III. — 311 feuillets.

527. — IV. — 317 feuillets.

(Cf. Ramée, *Histoire générale de l'Architecture*.) 2 volumes in-8° (1860-1862).

XIX° siècle. Papier. 4 volumes. 220 sur 180 millim. Cartonnés. (Ancien n° 422.)

528. OEuvres diverses de Daniel Ramée. (1806-1887.)

I. Histoire des voitures. (Publiée en 1856.) — 55 feuillets.

II. Histoire du château de Heidelberg. — 30 feuillets.

III. L'Architecture espagnole. — 30 feuillets.

XIX° siècle. Papier. 220 sur 180 millim. Cartonné. (Ancien n° 423.)

529. « Mémoire sur les travaux de l'église de Saint-Isaac et le projet de l'architecte Montferrand, par A.-F. Mauduit. Saint-Pétersbourg, 1820. »

XIX° siècle. Papier. 44 pages et 1 planche. 420 sur 255 millim. Rel. veau. (Ancien n° 424.)

530. « Réponse au mémoire sur les travaux de l'église Saint-Isaac, par Auguste de Montferrand (1821). »

XIX° siècle. Papier. 78 pages et 9 planches. 420 sur 255 millim. Rel. veau. (Ancien n° 424 *bis*.)

531. « La galerie royale de tableaux dans la chapelle de Saint-Maurice à Nuremberg », par Daniel Ramée.

XIX° siècle. Papier. 8 feuillets. 215 sur 125 millim. Cartonné. (Ancien n°. 425.)

532-543. Papiers d'Henri d'Escamps (1815-1891).

532. Histoire de l'Académie de France à Rome, par H. d'Escamps.

XIX° siècle. Papier. 318 feuillets et 8 dessins. 310 sur 210 millim. Cartonné. (Ancien n° 426.)

533. Documents inédits; archives de l'Académie de France à Rome, par H. d'Escamps.

XIX° siècle. Papier. 173 feuillets. 315 sur 210 millim. Cartonné. (Ancien n° 426. *bis*.)

534. « Livre d'or de l'École de France à Rome. Liste générale des grands prix d'architecture, de sculpture, de peinture, de gravure, etc. », par H. d'Escamps. (Imprimés et manuscrits.)

XIXe siècle. Papier. 212 feuillets. 315 sur 200 millim. Cartonné. (Ancien n° 426 *ter*.)

535. Histoire de l'architecture française, par H. d'Escamps. (Imprimés et manuscrits.)

XIXe siècle. Papier. 571 feuillets et 108 planches. 360 sur 220 millim. Cartonné. (Ancien n° 427.)

536. Peintures murales du onzième au seizième siècle, par H. d'Escamps.

XIXe siècle. Papier. 712 feuillets et 1 dessin. 170 sur 110 millim. Cartonné. (Ancien n° 428.)

537. Histoire de la peinture française, par H. d'Escamps.

XIXe siècle. Papier. 510 feuillets. 375 sur 285 millim. Cartonné. (Ancien n° 429.)

538. « Histoire de la gravure d'estampes en France », par H. d'Escamps.

XIXe siècle. Papier. 338 feuillets. 365 sur 230 millim. Cartonné. (Ancien n° 430.)

539. « Histoire de la gravure des monnaies, des médailles et des pierres fines en France », par H. d'Escamps.

XIXe siècle. 192 feuillets et 3 planches. 305 sur 220 millim. Cartonné. (Ancien n° 431.)

540-541. Histoire des arts du dessin, par H. d'Escamps.
Tome Ier. « L'antiquité, depuis les origines jusqu'à la chute de l'empire Romain. » — 991 feuillets et 3 cartes géographiques.
Tome II. « Les temps modernes, depuis la chute de l'empire Romain jusqu'à la Renaissance. » — 433 feuillets.

XIXe siècle. Papier. 2 volumes. 335 sur 240 millim. Cartonnés. (Ancien n° 432.)

542. Notes manuscrites sur les églises de Rome, par H. d'Escamps.

XIXe siècle. Papier. 330 feuillets et 90 photographies. 315 sur 210 millim. Cartonné. (Ancien n° 433.)

543. Éléments d'un dictionnaire de rectifications historiques et littéraires, par H. d'Escamps. (Paquet de notes imprimées et manuscrites.)

XIXe siècle. Papier. 970 feuillets. 310 sur 150 millim. Cartonné. (Ancien n° 434.)

544. Album de calques et de notes, par Depaulis.

Un vol. (Ancien n° 435.) — *En déficit*.

545-546. Papiers de Charles Garnier.

Tome I. Lettres diverses adressées à Charles Garnier, par Cabanel, Ballu, Bouguereau, P. Baudry, Barrias, Duban, Lefuel, duc de Luynes, etc..., et papiers divers. — 166 lettres.

Tome II. Papiers relatifs au prix impérial de 100,000 francs (1869). — 52 pièces.

XIXe siècle. Papier. 310 sur 220 millim. Cartonné. (Ancien n° 436.)

546. Passeports de Charles Garnier.

XIXe siècle. Papier. 50 feuillets. 150 sur 80 millim. Cartonné. (Ancien n° 437.)

547. I. Lettre de A. van Muyden. — 7 pages.

II. « Abrégé de la vie de Mr Aved, conseiller de l'Académie royale de Peinture et de Sculpture. » — 8 pages.

XVIIIe et XIXe siècles. Papier. 250 sur 200 millim. Cartonné. (Ancien n° 438.)

548. Notes manuscrites sur l'architecture, par Lecomte.

Un volume. (Ancien n° 439.) — *En déficit*.

549. Mémoire relatif aux travaux de l'Opéra (1867).

XIXe siècle. Papier. 10 feuillets. 310 sur 200 millim. Cartonné. (Ancien n° 440.)

7

550. Manuscrit de chansons de Binart.

> XIXe siècle. Papier. 250 feuillets. 180 sur 110 millim. Cartonné. (Ancien n° 441.)

551. « Estat de touttes les particularités concernant les bastimens, tant de maconnerie, charpenterie, couverture, menuiserie, serrurerie, vitres, gros fert (*sic*), plomb, peinture, etc... »

> XVIIIe siècle. Papier. 190 pages. 260 sur 185 millim. Rel. veau. (Ancien n° 442.)

552. Rapport sur les fragments palmyréniens qui se trouvent à la glyptothèque de Ny-Carlsberg, à Copenhague, par E. Bertone.

> XIXe siècle. Papier. xii-144 pages. 300 sur 190 millim. Cartonné. (Ancien n° 443.)

553. « Autographes et pièces diverses de A. R. Mengs (1756), Mérimée, Hubert Robert, Rude, Renon, Delacroix, Cochin, de Boulogne, de Troy, etc... »

> XVIIIe et XIXe siècles. Papier. 54 pièces. 315 sur 210 millim. Cartonné. (Ancien n° 444.)

554. Conférences et dissertations diverses.

I. Projet de réglementation de l'Académie royale de Peinture et de Sculpture. (20 mars 1687.) — 3 pages.

II. Sur les pensions accordées par le roi à l'Académie royale de Peinture et de Sculpture. — 4 pages.

III. Dissertation sur le jour des prix, prononcée le 28 septembre 1686, par M. Guérin. — 6 pages.

IV. Petit discours à l'occasion du nouveau règlement. — 2 pages.

V. « Réponse au discours de M. Massé sur le choix des talents divers que renferme la peinture, prononcé le 4 avril 1750. » — 8 pages.

> XVIIe et XVIIIe siècles. Papier. 360 sur 235 millim. Cartonné. (Ancien n° 445.)

555. Pièces diverses.

I. Dossier concernant le démêlé entre Mignard et Lebrun. (Lettre de Mignard, — deux lettres traduites de l'italien adressées à Lebrun, — lettre de Lebrun à Louvois.) — 3 pièces.

II. Pièces concernant la jonction de l'Académie royale avec l'Académie de Saint-Luc à Rome. — 10 pièces.

III. Pièces diverses concernant l'Académie des Beaux-Arts. (Imprimés et manuscrits.) — 12 pièces.

IV. Fragment de l'inventaire des Archives de l'Académie de Peinture et de Sculpture. — 2 pièces.

V. Lettres et papiers divers. — 14 pièces.

VI. Brevets de membre de l'Académie de Peinture et de Sculpture, délivrés aux peintres Jean le Blanc et Pierre L'Enfant. — 2 pièces.

VII. Lettres et papiers divers. — 5 pièces.

XVIIIe et XIXe siècles. Papier. 400 sur 250 millim. Cartonné. (Ancien n° 446.)

556-610. Pièces diverses de comptabilité de l'Académie royale de Peinture et de Sculpture. (1653-1791.)

556. Tome Ier.   Années 1653-1731. — 593 feuillets.
557. — II.   —   1715, juin-1722. — 45 feuillets.
558. — III.   —   1722, juillet-1723, octobre. — 70 feuillets.
559. — IV.   —   1723, nov.-1725, janvier. — 89 feuillets.
560. — V.   —   1725, février-1726, mars. — 116 feuillets.
561. — VI.   —   1731-1733. — 200 feuillets.
562. — VII.   —   1734-1735. — 130 feuillets.
563. — VIII.   —   1736. — 50 feuillets.
564. — IX.   —   1737. — 80 feuillets.
565. — X.   —   1738. — 100 feuillets.
566. — XI.   —   1739. — 90 feuillets.
567. — XII.   —   1740. — 84 feuillets.
568. — XIII.   —   1741. — 62 feuillets.
569. — XIV.   —   1742. — 93 feuillets.
570. — XV.   —   1743. — 70 feuillets.
571. — XVI.   —   1744. — 88 feuillets.
572. — XVII.   —   1745. — 76 feuillets.
573. — XVIII.   —   1746. — 76 feuillets.
574. — XIX.   —   1747. — 75 feuillets.
575. — XX.   —   1748. — 66 feuillets.
576. — XXI.   —   1749. — 76 feuillets.
577. — XXII.   —   1752-1755. — 144 feuillets.
578. — XXIII.   —   1756. — 90 feuillets.

579. Tome XXIV. Années 1757. — 82 feuillets.
580. — XXV. — 1758. — 78 feuillets.
581. — XXVI. — 1759-1760. — 145 feuillets.
582. — XXXVII. — 1761. — 73 feuillets.
583. — XXXVIII. — 1762. — 90 feuillets.
584. — XXIX. — 1763. — 88 feuillets.
585. — XXX. — 1764. — 87 feuillets.
586. — XXXI. — 1765. — 89 feuillets.
587. — XXXII. — 1766. — 74 feuillets.
588. — XXXIII. — 1767. — 74 feuillets.
589. — XXXIV. — 1768-1769. — 136 feuillets.
590. — XXXV. — 1770. — 87 feuillets.
591. — XXXVI. — 1771. — 93 feuillets.
592. — XXXVII. — 1772. — 152 feuillets.
593. — XXXVIII. — 1773. — 148 feuillets.
594. — XXXIX. — 1774. — 112 feuillets.
595. — XL. — 1775. — 128 feuillets.
596. — XLI. — 1776. — 160 feuillets.
597. — XLII. — 1777. — 260 feuillets.
598. — XLIII. — 1778. — 26 feuillets.
599. — XLIV. — 1779. — 192 feuillets.
600. — XLV. — 1780. — 164 feuillets.
601. — XLVI. — 1781. — 208 feuillets.
602. — XLVII. — 1782. — 202 feuillets.
603. — XLVIII. — 1783. — 204 feuillets.
604. — XLIX. — 1784. — 185 feuillets.
605. — L. — 1785. — 215 feuillets.
606. — LI. — 1786. — 176 feuillets.
607. — LII. — 1787. — 58 feuillets.
608. — LIII. — 1788. — 208 feuillets.
609. — LIV. — 1789. — 190 feuillets.
610. — LV. — 1790-1791. — 305 feuillets.

XVIIe et XVIIIe siècles. Papier. 55 volumes. 350 sur 250 millim. Cartonnés.

611-614. Pièces diverses de comptabilité de l'Académie royale de Peinture et de Sculpture, supprimée en 1793 et devenue École nationale de Peinture, Sculpture et Architecture.

611. Tome Ier. Années 1791-an IX (1801). — 436 feuillets.

612. — II. — An X (1802)-an XIII (1805). — 280 feuillets.

613. — III. — An XIV (1806)-1808. — 150 feuillets.

614. — IV. — 1812-1815. — 246 feuillets.

XVIIIe et XIXe siècles. Papier. 4 volumes. 350 sur 250 millim. Cartonnés. (Ancien n° 447.)

615. Pièces diverses concernant les Coustou.

XVIIIe siècle. Parchemin et papier. 5 pièces et 1 gravure. 325 sur 215 millim. Cartonné. (Ancien n° 448.)

616. Pièces relatives aux bâtiments du Musée des Monuments français.

I. Devis et soumissions (1806-1807-1808-1810). — 19 cahiers.

II. Attachements. — 10 pièces.

III. Rapports et lettres de l'architecte aux autorités. — 4 pièces.

IV. Lettres ministérielles, objets administratifs, adresses des entrepreneurs. — 2 pièces.

V. 46 Lettres de M. de Beaumont, architecte des Monuments français (1803-1809).

VI. Comptes rendus, envois de mémoires. — 4 pièces.

VII. Autorisations, sommes d'argent à employer. — 1 pièce.

VIII. Pièces diverses (monument de l'amiral de Chabot, statue de Catherine de Médicis, etc.). — 6 pièces.

Publiées dans l'*Inventaire général des richesses d'art de la France*. Paris, 1883, in-4°, tome I.

XIXe siècle. Papier. 370 sur 240 millim. Cartonné. (Ancien n° 449.)

617. « Mémoire sur l'Érechthéion, par Mr Lambert (1877). »

XIXe siècle. Papier. 19 pages. 195 sur 145 millim. (Ancien n° 451.)

618. « Restauration du temple de Vénus, à Rome, par Mr Laloux (1882). »

XIXe siècle. Papier. 20 feuillets. 260 sur 190 millim. Cartonné. (Ancien n° 450.)

619. « Étude sur le Canope de la villa Hadriana, par L. Sortais (1894). »

XIXe siècle. Papier. 42 pages. 315 sur 210 millim. Cartonné. (Ancien n° 452.)

620. « Mémoire sur la maison des Vestales, par Eustache (1896). »

XIXe siècle. Papier. 13 feuillets. 310 sur 200 millim. Cartonné. (Ancien n° 453.)

621. « Restauration du temple de Bàal Schamin à Palmyre, par E. Bertone (1896). »

XIXe siècle. Papier. 20 pages et 2 dessins. 280 sur 225 millim. Cartonné. (Ancien n° 454.)

622. « Restauration du cirque de Maxence, par A. Recoura (1898). »

XIXe siècle. Papier. 22 pages. 270 sur 195 millim. Cartonné. (Ancien n° 455.)

623. « Mémoire explicatif de l'essai de restauration de l'île Tibérine, présenté par M. Patouillard (1900). »

XIXe siècle. Papier. 28 feuillets. 310 sur 210 millim. Cartonné. (Ancien n° 456.)

624. Monuments de la République Romaine, par Guénépin (1839).

XIXe siècle. Papier. 8 pages. 430 sur 215 millim. Cartonné. (Ancien n° 458.)

625. Fragment de Bréviaire.

Fol. 1 : « In vigilia nativitatis Domini. » — Début : « Hodie scietis quia veniet Dominus et salvabit nos... »

Petites initiales historiées.

XIIIe siècle. Parchemin. 72 feuillets. 285 sur 190 millim. Cartonné. (Don Wasset, 1895.)

626. Feuillet de Missel.

Début : « Ad missam introitus. Puer natus est nobis et filius datus nobis... » — Notation musicale.

Initiale historiée (la Nativité), de style italien.

XIVe siècle. Parchemin. 420 sur 285 millim. (Don Wasset, 1895.)

627. Fragment d'une Bible française.

Fol. 1. « ...estoit en grant solas et en grant joie et faisoit lo pueple sonner trompes... »

A la deuxième colonne on lit : « En l'an septisme depuiz la mort de Iheu regna Joas et quarante ans regna en Ierusalhem, ensi come cest XII. capitule nous ensaingue... » (livre IV des Rois, chap. XII).

Initiale historiée (fol. 1). Marges ornées, avec figurines (deux anges musiciens).

> XIVᵉ siècle. Parchemin. 2 feuillets à 2 colonnes. 350 sur 250 millim. Cartonné. (Don Wasset, 1895.)

628-632. Rapports sur les ouvrages des architectes de l'Académie de France à Rome.

    628. Tome Iᵉʳ. Années 1804-1814. — 188 pages.
    629. — II. — 1815-1824. — 266 pages.
    630. — III. — 1825-1834. — 234 pages.
    631. — IV. — 1834-1844. — 162 pages.
    632. — V. — 1809-1854. — 560 pages.

> XIXᵉ siècle. Papier. 5 volumes. 350 sur 250 millim. Demi-rel.

633. État des Grands-Prix distribués par l'Académie royale d'Architecture (1720-1792), l'Institut national de France (1797-1803), l'Institut impérial de France (1804-1813), puis par l'Institut de France (1814-1850).

> XIXᵉ siècle. Papier. 82 pages. 350 sur 250 millim. Demi-rel.

634-636. Restaurations des monuments et dessins d'architecture envoyés par les pensionnaires de l'Académie de France à Rome.

    634. Tome Iᵉʳ. Page 1. Registre des envois (1797-1852). — Page 97. Rapports sur ces envois (1801-1849).

    635. Tome II. Registre des envois (1802-1845).

    636. Tome III. Rapports sur ces envois (1847-1853).

> XIXᵉ siècle. Papier. 296, 300, 288 pages. 400 sur 250 millim. Rel. parchemin vert.

637. Catalogue des volumes contenant les restaurations, calques, mémoires, rapports des envois des architectes pensionnaires de l'Académie de France à Rome (1786-1849).

XIX⁰ siècle. Papier. 178 pages. 350 sur 200 millim. Rel. peau verte

658. Catalogue des dessins et mémoires accompagnant les restaurations des pensionnaires architectes de l'École de France à Rome (1783-1852).

XIX⁰ siècle. Papier. 148 pages. 350 sur 200 millim. Rel. peau verte.

PARIS. — TYP. PLON-NOURRIT ET Cie, 8, RUE GARANCIÈRE. — 11205.

PARIS

TYPOGRAPHIE PLON-NOURRIT ET Cie

8, rue Garancière